어머니의 길

현 대 수 필 가 1 0 0 인 선 II · 92

어머니의 길

김윤희 수필선

수필과비평사 · 좋은수필사

■책머리에

수필은 누구나 부담 없이 읽고, 마음만 먹으면 직접 쓸 수도 있는 가장 친근한 문학이다. 다른 영역의 문학이 영상매체에 밀려 신음하고 있는 중에도 수필 인구만은 날로 증가하여 바야흐로 수필 전성시대를 구가하고 있는 이유도 거기에 있을 것이다.

시대적 추세에 힘입어 수많은 수필전문지, 수필동인지가 창간되고, 이에 비례하여 신진 수필가도 날로 늘어나다 보니 이제는 그 많은 작가, 그 많은 작품 중에서 문학성 높은 작품을 가려 읽는 일이 쉽지 않게 되었다. 이런 현상은 작가에게나 독자에게나 결코 바람직한 일이 아니다. 더 나아가서는 수필을 연구하는 후세들에게도 큰 부담이 될 것이다.

이런 문제를 해결하는 데는 출판인도 마땅히 한몫을 감당해야 한다는 평소의 소신에 따라, 본사가 기꺼이 그 역할을 맡기로 했다. 그 첫 번째 사업으로 시대를 대표할 만한 수필가 100인을 선정하고, 작가가 자선한 40편 내외의 작품을 수록한 문고본을 발간하여 이를 널리 보급함으로써 그 소임을 다하고자 한다.

본사는 사명감을 가지고 이 사업을 추진해 나가기로 했다. 작가 선정을 전담할 편집위원회를 구성하고 전권을 위임하여 일체의 사적인 정실이나 청탁을 배제함으로써 전문성과 공정성을 확보해 나갈 것이다.

따라서 이 기획물 속에는 작가의 문학정신뿐만 아니라, 본사의 문학사적 기여 의지와 편집위원 제위의 수필문학에 대한 애정과 문인으로서의 양심이 함께 담겨 있음을 자부한다. 다만, 작가를 선정하는 기준에는 많은 견해의 차이가 있을 수 있고, 선정 과정에서도 미처 챙기지 못한 부분이 있을 것이라는 사실만은 인정하지 않을 수 없다. 이 점에 대해서는 관계자 여러분의 양해 있으시기 바란다.

이 시리즈의 발간 순서는 작가, 또는 본사의 사정에 의한 것일 뿐 그 밖의 어떤 기준도 적용하지 않았음을 밝힌다.

본 기획물이 시대를 초월한 많은 수필 애호가들의 관심과 애정 속에 우리나라 수필문학 발전에 한 이정표가 되기를 바랄 뿐이다.

본사에서는 이상과 같은 취지로 ≪현대수필가 100인선≫ 전 100권을 완간하여 큰 반향을 불러일으킨 바 있다.

그러나 우리 수필문단의 규모나 수필문학의 수준에 비추어 선정 작가를 100인으로 한정하는 것은 형평성이나 효율성 면에서 크게 부족하다는 의견이 많았고, 본사 또한 이를 통감하던 터라 기꺼이 ≪현대수필가 100인선Ⅱ≫를 발간하기로 했다.

본사의 충정에 찬동하여 출판에 응해주신 저자 여러분에게 진심으로 감사한다.

2014년 9월 일

수필과비평사・좋은수필사 발행인 서 정 환

현대수필가 100인선 간행 편집위원 박 재 식 최 병 호

정 진 권 강 호 형

오 세 윤

1_부

2_부

3_부

4_부

1부

햇살 줍는 비둘기

4월의 상당공원을 가로질러 갑니다. 꼼지락꼼지락 애순을 피워내며 한창 파르릇히 물이 오르고 있는 중입니다. 보도블록에서 경망스럽게 또각거리던 구두굽 소리가 공원에서는 부드러운 흙바닥 속으로 잦아들어 이내 민망함을 면합니다.

잎보다 꽃을 먼저 피워 올린 나무는 하르르 '꽃보라'를 떨어내고 새살 돋듯 푸른 잎이 돋아나고 있습니다. 잎을 먼저 틔운 나무는 팔딱팔딱 맥박 뛰는 소리를 냅니다. 잠에서 깨어나 아침 준비에 분주한 저 여린 잎에 밤새 봄비가 잎 그물로 내려앉았나 봅니다. 맥이 선연해진 잎살에도 또르르 윤기가 돌아 화음을 이룹니다. 여린 잎들의 크고 작은 숨소리가 마치 가슴에 안고 듣던 내 아이의 어릴 적 심장 발딱이는 소리 같아 다소 설레고 평화롭게 들립니다.

공원 군데군데 놓여있는 벤치에는 발목이 덜렁 드러날 만큼 깡동한 햇살을 당겨 덮고 있는 할아버지들이 눈에 띕니다. 그들은 대개 듬성듬성 혼자 앉아 담배 연기로 동그라미를 허공에 매달고 있습니다. 그들 발치에는 구구 소리를 잃어버린 비둘기들이 제각각 뒤뚱대며 꺼떡꺼떡 햇살을 줍고 있습니다. 어쩌면 떨어진 꽃밥을 쪼고 있는 것인지도 모르지만 무심을 그림자로 드리우고 어기적거립니다.

한때는 날렵한 몸매에 자유롭게 고공, 저공비행을 즐기면서 터전을 닦던 새였습니다. 노아의 방주에서 비둘기를 날려 보내 본 후에 노아와 그 가족들이 배 밖으로 나왔다는 전설에서처럼 평안과 안식을 상징하는 새이기도 하였습니다. 그래서 사람들의 사랑을 한껏 받으며 관계를 돈독히 맺어 왔습니다.

그 후 오랜 세월 평화의 전령을 구가하며 사람들이 지어준 집에서 먹여주는 대로 먹고 자고 그렇게 도시의 상류 생활에 안주하기 시작했습니다. 비둘기 몸은 점점 살져 갔고 날갯짓도 가물가물 추억처럼 아스라해져 더이상 날지 않는 새가 되어 버렸습니다.

암수 모두가 분비하는 피존밀크로 새끼를 키우는 비둘기들은 어느덧 그들 조상 대대로 먹어왔던 풀씨나 곡물보다 무려 30배 이상이나 지방이 많이 들어있는 스낵과 튀김 음식 등 사람들이 즐겨 먹는 음식물 찌꺼기를 먹어 영양 과잉이 되었습니다. 지나친 영양은 왕성한 번식욕을 불러와 한 해에도 네댓

차례씩 번식을 하여 숫자가 기하급수적으로 늘어나고 있다 합니다.

많은 무리 속에 생존본능은 더욱 강해져 닥치는 대로 먹다 보니 이제는 아예 모이 주는 곳에 눌러삽니다. 어쩌면 닭들처럼 가축으로 삼아 키워달라고 띠 두르고 농성을 하며 떼쓸 날이 올지도 모릅니다. 사람이 가까이 다가가도 고개만 돌려 멀뚱멀뚱 바라보다 겨우 어기적어기적 게걸음을 칩니다.

삶의 목표도 의지도 깡그리 잊은 치매 환자가 되어 여기저기 똥칠입니다. 나무로 반듯하게 집을 지어 예쁘게 색칠까지 해준 제 집은 물론이고 사람들이 사는 건물에도 배설물을 마구 칠해 댑니다. 생활이 부패하면 배설물까지 독성을 더하는지 이 배설물들은 그저 비위생적이고 지저분한 차원을 넘어서 건물을 부식시키고 인체의 폐 질환과 뇌수막염까지 일으킨다니 어찌 곱게 보이겠습니까.

"이렇게 된 건 사람들이 우리를 도시에 풀어 방치한 결과이지, 결코 비둘기들 탓이 아니에요."

애물이 된 비둘기가 되똥거리며 할아버지 곁으로 다가가 애처롭게 껄떡껄떡 동의를 구하는 눈치입니다. 사람과 가까이 지내다 보니 "잘못되면 조상 탓"이라는 사람들의 속담을 어느 결에 얻어들은 듯, 그들도 모든 것을 남의 탓으로 돌리고 싶은 모양입니다.

할아버지는 맞장구 대신 먼 하늘을 보며 자신의 삶을 거슬러 올라가느라 가물가물한 기억의 끄나풀을 추슬러 세월을 펩니다. 그러다가도 가끔씩 눈꼬리를 꾹꾹 누르며 짓무른 눈가를 봄볕에 말리기도 합니다. 돌아보면 할아버진들 기막힌 사연이 어디 비둘기만 못하겠습니까?

고령 인구가 비둘기 숫자 늘듯 늘어나고, 고령화 노인 문제가 사회문제로 대두되고 있는 것이 비둘기들 실정보다 더 심각합니다. 자신들의 젊음을 송두리째 바쳐 일궈온 산업화, 그 병폐를 고스란히 떠안고도 말을 입안에 담아두고 있는 그들입니다. 희뿌옇게 빛바랜 저고리 하나에도 두 어깨가 눌려 있는 노인들이 회색빛 비둘기와 닮은 듯 다르게, 무관한 듯 닮은 모습으로 그 빛을 벗어나려 이렇게 공원 속을 찾아 들었을 겝니다.

공원의 나무들은 이 모든 걸 보고 듣고, 찾아든 이들의 한숨으로 저문 날에도 밤새 혼신을 다해 잎을 키우고 있습니다. 그렇게 키워낸 잎이 한 해도 채 못 넘기고 떨어져 발밑을 구르다 차이게 될 줄을 뻔히 알면서도 해마다 기꺼이 그 일을 되풀이하는 것은 아마도 순명의 지혜를 터득했기 때문일 것입니다.

노인들의 주름 같은 나이테를 속살에 문신으로 새기며, 4월을 엮어가는 나무들의 모습을 통해서 자연의 순리를 봅니다. 깡동하던 햇살이 점점 노인의 발목으로 내려와 낮잠에 잠겨듭니다. 조금 떨어진 한쪽에서는 한 무리의 젊은이들이 속속 모여들어 천막을 치고 있습니다.

이마에는 붉은 띠를 두르고 심각한 표정으로 눈길을 주고받습니다. 곧 무언가 일어날 듯 분주한 몸놀림이 성긴 이파리 사이로 출렁입니다.

주머니로부터 온 봄

성질 급한 산수유가 따사로운 봄볕에 문을 활짝 열었다가 아직도 가장자리 맵싸한 맛이 남아 있는 꽃샘바람에 화들짝 놀라 낯빛이 노랗다. 어린 꽃잎이 나무 끝에서 파르르 떨고 있다는 남도 소식이 TV 전파를 탄다. 연이어 섬진강이 발그레 꽃물 되어 거꾸로 흘러오고 있다고 호들갑이다. 그래도 우리 집 봄은 남편 주머니로부터 온다. "겨울은 귀로 듣고 봄은 눈으로 본다."는 말이 있지만 나에게 다가오는 봄은 언제나 시각보다는 미각이 먼저가 되는 은밀함이 있다.

어설픈 살림살이에 갓난아기 기저귀 빨아대기 바빠서 봄이 오는지 가는지도 모르고 지내던 시절이 있었다. 겨우내 묵은 먼지를 미처 털어내지도 못했는데 따사로운 햇살이 빨래를 널고 있는 내 어깨를 톡톡 치며 내려앉던 어느 날이었다.

남편은 주머니 속에서 손톱만 한 이파리들을 오로로 쏟아냈다. 산에 나무를 심으러 갔다가 홑잎이 나왔기에 뜯었는데 어디 담을 데가 없어 아쉬운 대로 주머니에 넣어 왔다는 것이다. 그때서야 나는 처음으로 홑잎 나물 생김새를 알았다. 엄마가 무쳐주신 나물을 먹어 보긴 했지만, 나물의 생김새를 한 번도 눈여겨보거나 관심을 가져본 적이 없었다. 반찬이니까 그냥 먹었었다. 더구나 그때까지만 해도 남자가 나물을 뜯어 온다는 것은 보지도 듣지도 못했던 터였다. 봉건 유교 사상을 대들보처럼 끌어안고 있는 시댁 가풍에서, 그 가풍에 가장 걸맞은 성품을 지닌 남편의 주머니에서 나온 나물은 신기한 물건처럼 보였다. 그렇게 홑잎 나물은 우리 집 문턱을 넘어오게 되었고 식목일 남편의 연례행사가 되었다.

그날도 남편은 솜털이 채 벗어지지도 않은 어린 홑잎을 양쪽 주머니 가득 담아와 자랑스레 쏟아 놓기 시작했다. 두 주머니 속에서 쏟아져 나온 야들야들한 잎들이 속살대며 가장 먼저 봄을 안겨주는 것이다. 손길이 조금만 거칠기라도 하면 금방 사그라들 것 같은 여린 순들은 팔팔 끓는 물에 살짝 넣었다가 재빨리 꺼내어 찬물에 살살 헹구어 내야 한다. 그리고 손끝으로 조물조물 갖은 양념에 무쳐 저녁 식탁에 한 접시 담아내면 비로소 풋풋한 봄기운이 방안 가득 감돌아 흐뭇해지는 것이다. 봄이 식도를 타고 몸안으로 스며든다.

일 년 중 제일 먼저 맛보는 홑잎 나물의 맛은 쌉싸름한 설렘이다. 남편이 주머니에 담아온 그 설레는 봄맛을 나는 좋아한다. 달래, 냉이, 두릅, 산다랑이에 흔한 취나물에 이르기까지 대부분의 봄나물은 독특한 향과 맛을 지니고 있어 입맛을 돋운다. 그러나 홑잎 자체는 덤덤하고 아무 맛도 나지 않는다. 그럼에도 불구하고 향긋한 봄나물들 다 제치고 제일 덤덤한 홑잎 나물을 가장 좋아하는 것은 남편이 먼저 담아다 주는 봄맛 때문이다. 어느 날부터인가 나는 이 홑잎 나물을 먹어야만 비로소 봄이 내 안으로 들어오는 느낌이 들었다. 그리고 쌉싸름한 그 맛에 '설렘'이란 이름을 붙여주었다.

나물은 손맛, 양념 맛이라곤 하지만 같은 양념을 넣어 같은 사람의 손으로 무쳐도 때와 장소에 따라 매양 그 맛이 달라진다. 음식은 정성도 있지만 분위기 맛이 제일인 것 같기도 하다. 제 혼자서는 아무 맛도 내지 못하는 나물임을 깨달은 지금도 입에서 살살 녹는 맛깔나는 나물임을 여전히 고집한다. 내가 느끼고 싶은 맛을 내 마음대로 기분에 따라 달리 느낄 수 있는 여지가 있는 것도 마음에 든다. 마치 동양화의 여백을 즐기는 느낌, 그런 맛이라고나 할까. 황량하게 찬바람이 일던 산을 겨우내 알몸으로 떨며 지킨 나무들 틈에서 촉을 틔운 홑잎 나물이 남편의 주머니에 담겨와 그렇게 봄을 쏟아낸 날, 그때부터 산과 들 여기저기에 연둣빛 잎사귀들이 자잘하게 돋아 오르기 시작한다. 꽃이 되는 날을, 열매 맺는 날을 꿈꾸며 또 한 해의 삶이 풋풋하게 피어나는 것이다.

봄은 그래서 늘 신선하게 다가온다. 그래서 새순은 언제나 가슴 설레는 희망이다.

어머니의 길

'가 봐야지. 가서 꼭 한 번 만나봐야지.'

오래전부터 그리던 곳을 향하고 있다. 차창에 눈을 매단 채 앉아 있어도 마음은 몇 시간째 서성거린다. 드디어 율포 앞바다 새벽안개에 머리를 감고 가지런히 참빗질한 그를 처음으로 만났다. 산기슭 구릉 따라 푸르게 일렁이며 가슴을 열고 다가오는 봇재다. 더러 소릿재로 불리기도 하는 이 고개를 중심으로 한쪽은 판소리 〈서편제〉가 터를 내린 곳이고 또 다른 쪽은 보성 남쪽 끝 바닷가 마을을 끌어안고 있는 녹차 재배지이다.

해안을 굽어보는 활성산의 봇재가 바다의 물결마냥 남실남실 굽이치고 있다. 율포 앞바다와 구릉이 밤마다 무시로 은밀히 마음을 주고받는 동안 서로 닮아가면서 만들어냈을 이 초록

물결에 나의 달뜬 마음이 먼저 첨벙 뛰어들어 길을 잡는다. 점점 몸이 맑고 가뿐해져 가는 느낌이다. 녹차밭으로 접어드는 오솔길에 빼곡히 들어선 수만 그루의 삼나무 숲 초록 물이 이미 내 온몸에 촉촉이 스며들어 찌든 마음을 말끔히 녹여내고 있는가 보다. 지금 이대로 저 앞에 그득 펼쳐진 녹차 향을 담을 수만 있다면 나 또한 한 그루의 차나무가 되어도 좋을 것만 같다. 그렇게 설레는 마음 따라 차밭 한가운데 안기고 보니 꽃보다 더 아름다운 눈부심도 잠시였다.

등성이로부터 구불구불 끝없이 흐르는 골 이랑을 타고 통증처럼 지그시 가슴을 눌러오는 정체 모를 이 아릿한 느낌은 어디에서 비롯된 것인가? 야들야들한 고갱이 다 내어주고 푸른 힘줄로 뒤둥그러져 녹차밭 가득 차나무로 서 계신 어머니들을 본다. 그들의 고달픈 삶이 긴 그림자로 어룽거리며 가슴 한편으로 파고들어서기 때문일까?

곡우 5일 전, 찻잎 끝마다 영롱한 이슬을 머금고 있을 때 손끝으로 한 잎 한 잎 따서 만든 우전차는 더없는 영광이다. 곡우 지나 5월 초 찻잎이 참새의 혓바닥만큼 자랐을 때 따내어 만든 작설차는 차마 작아 애가 타지만 그래도 보람이다. 잎이 점점 커지면서 중작, 대작으로 이름도 바뀌고 커지는 잎에 비해 가치는 떨어지지만 이쯤 이르러도 깊고 완숙한 맛을 낼 수 있어 흐뭇하다. 6월이 지나 급기야 떫은맛을 내고야 마는 굵은 찻잎은 하찮은 말작으로 모자라는 자식에게 속정이 더 가듯 애틋함으로 떠나보낸다.

이렇듯 때맞춰 제 그릇 모양과 크기에 맞게 자식들 하나하나 떼어 보내고 뒤두러져 억센 힘줄로 뿌리를 지켜내고 있는 녹차밭은 내가 처음으로 발걸음을 한 곳이지만, 아프고 그리운 고향이요, 어머니의 품속과도 같은 느낌으로 다가온다. 그래서 몇 해를 두고 그리도 마음이 끌렸던 곳이었나 보다. 어머니 품처럼 끝없이 펼쳐진 녹차밭을 통째로 가슴 가득 안는다.

때마침 물기 머금은 남도의 바람 한 줄기가 귓가를 스친다. 느릿느릿 봇재를 넘어오는 바람결에 끊어질 듯 끊어질 듯 애절한 가락. 눈먼 송화의 판소리가 초록 너울 따라 가랑가랑 들려오는 듯하다. 〈서편제〉의 가락을 타고 토해놓는 송화의 서름제 소리는 피를 토하고 나서야 비로소 얻을 수 있다는 득음, 그 한恨의 소리다.

판소리는 맺고 푸는 데 따라 한가하고 서정적인 느낌의 진양장단에서부터 중모리를 거쳐 춤을 추는 듯하다, 때로는 통곡하는 듯 중중모리가 펼쳐지는가 하면, 핏대 선 목줄기가 끊어질 듯 숨 가쁘게 휘모리장단을 몰아치기도 한다. 여기에 노래로 부르는 '소리'와 말로 엮어내는 '아니리'와 몸짓을 하는 '발림'이 고수의 신들린 추임새와 적절히 조화로울 때 제대로의 맛깔스런 소리를 우려낼 수 있다고 한다. 엮는 목, 끊는 목, 짜는 목, 깎는 목. 서로 다른 목을 감고 풀어내며 어우러지는 것이 어디 판소리뿐이겠는가?

오장과 육부를 휘돌아 폐부 깊숙한 속으로부터 꺼내놓은 그 한의 소리는 한평생 속으로 삭이고 녹이며 온몸을 우려내 자식을 키워온 어머니의 숨결이요, 향내임을 오늘에서야 녹차밭 한 가운데서 가슴 시리게 느끼며 하늘을 본다.

얼마만큼 내어주고 삭여야만 내 안에서 스스로 자연과 조화로운 그 깊은 맛과 그윽한 다향茶香을 우려낼 수 있을까. 아직도 다 헤아리지 못한 내 어머니의 길, 그 사랑 내림이 타령처럼 녹차밭 가득 아리게 물너울을 만들며 번져가고 있다.

마음밭에 매달린

부시도록 흐드러지게 피어났던 하얀 배꽃이 함박눈처럼 펄펄 땅 위로 내려앉았다. 꽃잎이 흔적도 없이 사라지고 얼마 후, 꽃이 진 자리에 살구씨만큼 자란 열매들이 조르르 매달려 있다. 나는 지금 그 나무 아래 서 있다.

"한 뼘 정도 간격을 두고 실하게 잘생긴 놈만 남기고 모두 따 버리세요."

과수원집 아주머니가 사닥다리에 척 올라가 배나무 이파리들을 요리조리 제치며 시범을 보인다. 톡, 톡, 톡 엄지손톱으로 퉁겨 떨어뜨리는 어린 열매들이 우박 쏟아지듯 우르르 떨어져 나뒹군다.

"아! 아깝다, 따 버리는 것이 더 많네."

후덕해 보이던 과수원집 아주머니가 갑자기 야멸차게 느껴진다.

"아까워하면 안 돼요. 좋은 열매를 얻으려면 인정사정 보지 말고 따낼 것은 가차없이 따 버려야 해요."

한마디 더 얹으며 사다리를 내려오는 아주머니 엉덩이가 뒤룽거린다. 손이 모자라 쩔쩔맨다는 소리에 일은 잘 못 해도 안 하는 것보다야 낫지 싶어 일손 돕기 활동에 참여를 했는데 슬그머니 자신이 없어진다.

과일 솎기는 난생처음이다. 하얀 꿈이 한껏 부풀어 꽃망울을 터뜨려 잉태시킨 열매들일 터인데……. 그 속에서 좋은 것을 가려내기에 난감하다. 또 한편, 실한 하나를 위해 너덧 개씩 희생이 되어야 하는 현실에 마음이 갑갑하다. 겨우 매달려 있는 어린 열매들을 변변하지 못하다는 이유로 떼어 내자니 나무에게 잠시 미안한 마음이 든다.

애시당초 적당히 거리를 두고 꼭 필요한 만큼만 열매를 매달고 나왔으면 서로 좋았을 걸. 많이 가진 만큼 덜어내는 아픔도 클 게다.

'과수원에 있는 나무는 원래 사람을 위해 존재하는 것이렷다?'

너스레를 떨며 몇 나무 거치는 사이 제법 이력이 붙는다. 나뭇가지 사이가 성글어지니 오히려 넉넉해 보인다. 남겨진 열매들도 비로소 똘망한 배 모양을 드러내고 버젓하다.

아직 적과摘果 되지 않는 나무 아래에서 나를 본다. 온갖 것

잔뜩 매달고 버거워하는 내 마음밭이 갑자기 후터분해진다.

과수나무집 아주머니가 했던 것처럼 내 속에 똬리 틀고 들어앉아 있는 집착과 필요 없는 생각, 그리고 허황된 욕심들을 톡, 톡, 톡 엄지손톱으로 퉁겨내 가며 살아가리라. 굴러떨어지는 땀방울이 흐뭇하다.

참새와 앵두

잠에서 깨자마자 맨 먼저 거실 창문부터 활짝 연다. 목줄기를 타고 폐부 깊숙이 들어앉는 싸한 기운이 돌 틈을 비집고 솟아나는 옹달샘 물맛처럼 달다. 그 맛을 즐기기 위해 한참씩 창가를 내다보는 것이 어느새 일상이 되어 버렸다.

어느 날은 햇살이 먼저 와 창문을 두드려 잠을 깨우기도 하지만 요즈음은 참새들이 햇살을 앞질러 담장을 넘는다. "일찍 일어나는 새가 벌레를 잡는다."는 말을 몸으로 증명이라도 하듯 일찌감치 찾아든 데에는 다 그만한 이유가 있었다. 마당에 있는 앵두 때문이다.

봄볕에 온몸이 익을 대로 폭 익어 새빨갛게 단물을 내비치고 있는 앵두! 그 빛깔은 사람만이 좋아하는 게 아닌가 보다. 이른 아침부터 참새들까지 날아들어 정신없이 주둥이를 들이

대고 입맞춤을 한다. 미인 대회에 나온 아가씨들처럼 쪼르르 줄을 맞춰 늘어서서 알알이 자태를 뽐낸다. 매달려 있는 앵두알이 내 눈에는 다 비슷비슷하게 보이는데 새들에겐 아닌가 보다.

참새들은 그 많은 앵두 속에서 무엇을 골라내려는 것인지 윗가지 아랫가지 사이를 콩콩 뛰어다니며 분주하다. 인터뷰하듯 쉬지 않고 재깔재깔 알맹이를 떠보는 녀석도 있고, 플레이보이마냥 이 열매 저 열매 괜히 집적거리고 다니는 녀석도 있다. 또 한편 뱃속이나 채우자고 닥치는 대로 쪼아 먹기만 하는 식충이에, 촐랑이처럼 촐싹거리는 녀석……. 어쩌면 저리도 다 제각각일까 참으로 흥미롭다.

남의 집에 들어와서도 제 세상을 만난 듯 천방지축 왁자글대는 참새 떼들이, 아직은 네 것 내 것 구별하지 못하는 천진난만한 어린아이들을 보는 것 같아 과히 싫지 않은 기분이다. 혼자 몰래 훔쳐보고 있으려니 저절로 웃음이 새어 나온다. 그런 마음 한쪽에서는 앵두나무는 사람이 심어 놓았는데 재미는 저들이 다 보는 것 같아 은근히 샘이 나기도 한다.

'나도 사람들을 불러 모아 재미를 봐야지.'

해거름에 이웃집 전화번호를 눌러댔다. 첫아이를 낳을 무렵부터 이웃에서 오랫동안 가까이 지내다 보니 절친하게 된 여인과 그보다 좀더 젊은 새댁 서넛이 올망졸망한 소쿠리를 하나씩 들고 좋아라 뛰어왔다. 따가고 싶은 만큼 각자 양껏 따 가라고 했더니 신이 나서 나뭇가지 하나씩을 차지하고 다닥다닥 매달려 있는 앵두를 따기 시작한다. 농약을 준 것도 아니고 공해에 오염되지도 않은 것이니 물로 씻을 필요도 없이 바로 먹어도 된다는 것을 그들은 안다. 소쿠리에 따 넣기도 전에 앵두가 연신 입안으로 굴러 들어간다. 씨 뱉으랴, 수다 떨랴, 함께 까르르 웃음까지 쏟아 놓다 보니 입이 손보다 더 바쁘다. 입이 바쁜 만큼 즐거움도 큰가 보다.

아침 내내 시끄럽게 조잘대는 참새들을 보고, 앵두를 따 먹으러 왔으면 앵두나 부지런히 따먹을 일이지 뭐가 저리도 재미있어 떠들어대나 했더니 사람들이라고 해서 별반 다르지 않다. 재깔대는 아줌마들의 참새 같은 수다에 피식 웃음이 터진다. 한참을 그렇게 참새 떼처럼 앵두나무 가지를 헤집던 이들이, 가지고 온 소쿠리도 다 채우지 못하고 그만 따겠다고 물러난다. 그릇이나 마저 채워가라 했더니 입안 가득 물었던 앵두 씨를 호로록 뱉으며, 이만해도 자기네 식구는 충분히 먹을 만큼 된다며 무던한 듯 소쿠리를 끌어안고 돌아간다. 벌써 며칠째 참새들이 와서 따먹고, 몇몇 사람이 모여 따내었는데도 앵두나무는 여전히 발긋발긋한 매무새를 가다듬으며 손짓을 하고 있다. 한동안 참새들의 지저귐을 더 들을 수 있을 것 같아 기분이 좋다.

남에게 나누어 줄 것이 있다는 것은 즐거운 일이다. 앵두나무 하나에 나는 부자가 된 듯 뿌듯하다. 더 가져가도 되지만 욕심껏 다 채우지 않고 소쿠리에 여백을 남긴 채, 자기에게 필요한 만큼만 가져가는 모습을 바라보는 것도 참 기분 좋은 일이다. 그 여백에 다른 것을 채워주고 싶은 마음이 절로 든다.

세상 사람들은 가능하면 많이 가지려 한다. 가지면 안 되는 것까지 탐하는 사람이 많다. 남의 눈을 속여서라도 내 것으로 만들어 잔뜩 쌓아 놓고, 주체를 못해 한 옆에서 썩히다가 그것을 처리하느라 전전긍긍하는 사람은 또 얼마나 많은가. 그런 생각을 하면 밉살스러울 정도로 욕심을 부리는 사람이 가까이 살지 않아서 참 다행이다.

앵두를 먹으러 우리 집 담을 넘는 참새들도 거저 먹고만 가는 것은 아니다. 실컷 먹고 나면 더 움켜 가지 않는다. 제 배만 채웠다고 입 싹 씻고 돌아서지도 않는다. 저 먹은 주위를 돌아보며 벌레도 잡아주고 썩은 열매도 떼 내어준다. 이곳저곳으로 돌아다니며 먹은 만큼 씨앗들을 퍼트려 또 다른 앵두나무를 탄생시키기도 한다. 깊은 산속에서 내공을 익혀 영험한 기운을 담아내고 있는 산삼의 출생에도 단단히 한 몫을 한다. 새들도 자기가 살아가는 세상에 보답을 한다.

지나치게 먹고도 온몸 여기저기에 잔뜩 구겨 넣어서 울룩불룩 기형이 된 사람들보다 어쩌면 저 참새들의 삶이 훨씬 지혜로운지도 모른다는 생각을 해 본다. 저들은 살아가는 데 꼭 필요한 최소한의 열량만 남기고 모두 배설하여 가벼워진 몸으로 자유를 맘껏 누릴 줄 안다. 더 많은 먹이를 위해 곳곳에 씨앗을 퍼트릴 줄도 안다. 결코 예사로운 녀석이 아님이 분명하다.

매일 아침마다 맑은 목소리로 기분 좋게 인사를 건네 오던 참새들에게 내일은 내가 먼저 창문을 활짝 열고 알은체를 해야겠다.

말간 햇살은

알큰한 꽃샘바람이 앙탈을 부리고 있는 가운데 산수유가 꽃등을 밝혀 봄을 열었다. 일 년 내내 뜨고 지는 해이건만 언제부터인지 봄 햇살은 나에게 유달리 가슴 저미는 그리움이 되었다. 모든 색을 품어 안은 햇살은 어느 틈에 왔다 가는지도 모를 봄과의 짧은 인연을 위해 온몸이 말갛게 되도록 그 고운 빛들을 모두 쏟아 부어 결국 화사한 꽃망울을 터트린 것이다.

햇살 중에서 하얀 가닥은 아마도 솜털 보송한 목련 꽃망울에 닿아 젖살 오른 아가의 볼 빛을 닮은 백목련으로 피어났을 게다. 백목련처럼 하얀 마음에 애틋한 사람을 만나 간직해오던 사랑을 바치면서 피어오르는 순수는 진달래 꽃빛으로 다가온다.

진달래는 두견새가 피를 토하듯 울 때 붉게 피는 꽃이라 하여 두견화라 불리기도 하는데 다른 나무들이 좋아하지 않는 척박한 땅에서도 잘 자란다. 자리 탓 한번 하지 않고 그저 묵묵히 터를 잡고, 날아드는 풀씨도, 어린 잡목도 끌어안으며 함께 살아간다. 독성을 품지 않아 먹을 수도 있어 가히 참꽃이라 불리기에 손색이 없다.

우리나라 야산 어디에서나 흔히 볼 수 있고 얼핏 보면 그리 아름다울 것도 없어 집안에 귀하게 모셔지는 형편도 못 된다. 그러나 여린 꽃잎 하나하나 모여 붉은 듯 붉지 않고 흐린 듯 흐리지 않은 핏빛으로 아직 잠에서 덜 깬 온 산야를 따뜻하게 불을 지피는 꽃이다.

차창을 통해 멀리서 진달래 동산을 바라볼 때에도, 그 동산에 올라 함께 어우러질 때에도 '예쁘다' '아름답다'라는 표현보다는 '곱다'라는 느낌으로 와 닿는다. 꽃빛도, 꽃잎 속에서 파르르 떨리는 듯한 암술, 수술의 가녀림도 고와서 가슴 뭉클한 그리움으로 다가오는 진달래. 내 어머니는 진달래 피는 계절에 이 세상에 오셨다가, 지는 꽃잎과 더불어 또 그렇게 총총히 떠나셨다.

내 기억 속에 엄마는 언제나 화장기 없이 쪽찐머리, 무채색 할머니의 모습이었다. 마을 앞 개울 건너 야트막한 산자락에 일군 따비밭에서 껍질 빠알간 밤고구마를 캐다 쪄 주셨을 적에도 할머니였고, 하얀 교복 칼라에 단발머리 나폴대며 괜히 툴툴툴 까탈 부리던 사춘기를 다독여 주실 때에도 그러했다. 그런 내가 한 아이의 엄마가 되어 익숙하지 않은 살림살이에 절절맬 때에도 여전히 그 모습으로 내 생활을 지켜주셨다.

한때는 뽀글뽀글 파마머리 한 젊은 엄마를 둔 친구가 부러워서 짜증을 내기도 했다. 우리 집보다 더 못사는 집도 그렇게 많은 일에 시달리지 않는데 우리 엄마는 왜 그리 밤낮없이 들일, 집안일, 일에만 파묻혀 사는지 그런 모습이 너무도 싫었다. 가족들에게 당연한 것처럼 늘 양보만 하고 힘든 일을 도맡으며, 무조건 희생하는 엄마의 삶이 바보 같아 보이고 측은한 생각에 맘 한구석이 늘 메었다. 그런데도 마음과는 달리 겉으로는 오히려 투정을 부리곤 했다

'난 절대로 농사짓는 사람에게는 시집가지 않을 거야. 그리고 엄마처럼 희생만 하는 삶은 살지 않을 거야.'

철없던 시절 나는 늘 속으로 이렇게 외치며 자랐다. 말이 씨가 되었는지 결국 농사짓지 않는 공무원의 아내가 되었다. 그러나 두 아이의 엄마가 되면서부터는 어느새 내가 그토록 싫어했던 어머니의 삶을 닮아가고 있는 것을 발견했다. 아니 닮아가고 있는 것이라기보다는 나도 모르게 그 어머니의 삶을 더듬어 흉내를 내고 있다는 것이 더 맞는 표현일 것이다.

어머니가 그러셨던 것처럼 나 자신보다는 나의 가족들이 즐겁고 행복해 하는 것이 곧 나의 행복임을 비로소 깨닫게 된 것이다. 결국 가족을 위해 사는 것은 희생이 아니라 그것이 곧 내 생활 자체임을 받아들이게 되었다. 어머니가 나에게, 또

가족에게 쏟았던 그 마음 씀씀이를 온전히 이어받아 가정을 편안히 꾸려가야 할 것 같은 소명 의식이 자리를 튼다.

내 어머니의 삶! 그것은 어리석음이 아니라 무한한 사랑과 지혜를 녹여 우려낸 진국 같은 삶이었던 것이다. 이미 말갛게 바랠 대로 바래져 하얀 할머니로 앉아서도 여전히 집 떠나 공부하는 당신의 손자 · 손녀들을 위해, 한 장 한 장 들기름 발라가며 구운 김을 빈 라면 봉지마다 가득가득 담아 보내 주셨다. 그 정성이 세월의 두께만큼 두툼한 울타리가 되어 감싸 주었던 우리 엄마. 농익은 분홍 잎이 화전이 되고, 두견주가 되고 묶어 둘 수 없는 어떤 흐름 속으로 사위어들 즈음, 그렇게 여든 해 걸어왔던 길을 되짚어 홀연히 가시고야 말았다.

결국, 내 어머니는 일곱 빛깔 품어 안은 햇살이 그 짧은 봄날을 위해 온통 말갛게 비우듯 당신을 위해 치장 한 번 못해 보고, 가시는 길에야 비로소 활옷 곱게 입고 잠이 드셨다.

방울방울 땀으로 온갖 색깔 다 걸러 자식들에게 아낌없이 모두 쏟아 붓고, 말간 햇살로 돌아가신 어머니. 어머니, 내 어머니. 화려한 봄의 축제 저편으로 서서히 산노을이 지고 하늘 가득 연분홍 그리움이 번지고 있다.

남산골 숲길

질척이던 숲으로 길을 잡아 나선다. 흔히들 남산골이라는 정겨운 이름으로 부르는 작고도 야트막한 동산이다. 읍내 시가지와 인접해 있어 남녀노소 누구나 한 시간 남짓이면 족히 다녀올 수 있는 거리다. 산굽이는 그리 힘들이지 않고 산책할 수 있어 매일 사람들의 발길이 끊이지 않는 곳이다. 많은 사람들에 의해 잘 다져진 숲길이기에 비 온 끝이라 해도 발바닥 감촉은 보송하다.

숲속 여기저기에서 터질 듯 탱탱하게 물기를 머금은 활엽잡목 잎사귀에서 숫처녀 살 냄새 같은 풋풋함이 훅, 풍겨 온다. 그 숲에서 늘 당당하던 소나무가 오늘따라 왠지 쭈뼛쭈뼛 한풀 꺾인 낯빛이다. 군자가 올곧은 지조와 절개를 지키듯 어떠한 자연환경에도 부화뇌동하지 않고 한결같은 모습을 지켜야 하는 것이 숙명이 되어 버린 소나무. 그 소나무도 숙명을 받아들이기에 유난히 버거운 날이 있나 보다.

불같은 열정으로 화려했던 나무들이 견디지 못하고 꽃눈 잎눈 품속에 묻고 잠든 겨울, 그 매운 바람살에도 꿋꿋하게 지켜온 푸른 명성이 때로는 멍에가 되기도 했으리라. 꼭꼭 품어왔던 꽃눈을 틔워 화사한 망울을 터뜨리는 꽃나무가 때때로 왜 부럽지 않았겠는가. 그래서 그 사월, 꽃잎 여는 사그락거림도 없이 먼지 같은 송화를 노랗게 피워 훨훨 일탈된 자유를 누리며 속을 달랬는지도 모르겠다.

그런 소나무 무릎께를 감아 올라가는 멍개는 콩톨 같은 열매를 새파랗게 매달고 그 잘난 가시로 철없이 직신거린다. 제딴에는 철들어 빨갛게 속살 익혔다고 흡족해 할 때도 떨떠름하게 혀에 엉기는 소갈머리니 오죽하랴.

키 작은 상수리나무에 매달린 어린 상수리 열매는 눈도 보이지 않을 만큼 모자를 깊이 눌러쓰고 앙당그러지게 웅크린 채 겁에 질린 모습이다. 옆에 있는 제 어미가 지난가을 아랫도리 살이 허옇게 드러나 너덜너덜해지도록 사람들에게 두들겨 맞고 열매를 모두 빼앗기던 것을 생생히 기억하고 있나 보다. 어릴 적부터 마음의 깊은 상처를 안고 자랐으니 쌓이고 쌓인 그 떫은맛이 쉬 사라지겠는가. 오래도록 응어리진 마음을 사람들이 정성스럽게 우리고 다독여야만 부드러운 앙금을 내어 준다. 비로소 암 덩이조차 순화시킬 수 있는 도토리묵으로 완성되는 데에는 다 그만한 이유가 있는 것이다.

상수리의 깊은 상처를 공감하며 마음 아파하는 개암은 그 그늘에 있으면서 한편 뼈대 있는 가문 행세를 한다. 구전되어 오는 금방망이 은방망이 이야기 속에서 제 조상들이 도깨비도 놀라게 했다는 용기를 공적功績으로 들고 있는 것이다. 반상班常이 사라지고 족보도 창고 속에서 먼지를 뒤집어쓰고 있는 실정인데 복주머니 같은 집 속에 파묻혀서도 나름대로 고소하게 제 살을 찌우며 근근이 가문을 지켜가고 있는 모습이 오히려 가상해 보인다.

오솔길 한켠으로 비켜서서 수줍게 단물 들어가던 산딸기도 까슬까슬한 잎사귀를 제치고 아는 체를 해 온다. 찡긋하며 얼굴을 내미는 모습에서 어릴 때 보았던 못난이 삼 형제 바로 그 인형의 모습이 떠올라 픽 웃음이 터진다. 양 볼에 주근깨를 다닥다닥 박은 채 웃고, 찡그리고, 화내는 모습의 삼 형제가 한 세트로 흑백텔레비전 위에 앉아 있던 모습……. 한 톤 낮은 기분으로 머쓱하게 서 있던 소나무도 같은 생각을 했는지 피식 솔향을 터뜨리고 만다.

이내 오솔길은 솔향으로 그윽해진다. 솔가지 사이사이로 햇살이 부챗살로 내려앉는 남산골 조붓한 숲길은 이래서 좋다.

알콩달콩 그들만의 이야기가 있고 서로 기대고 버팀이 되는 어우러짐이 있어 좋다. 턱이 높지 않아서 누구라도 마음 편히 드나들 수 있고 우리네 서민들이 살아가는 속성과 닮아 있어서 정겹다.

바람 탄 자리

난분분 꽃구름이 봄의 허리를 휘감아 돈다. 발길 뜸한 산야에서 제풀에 자지러진 꽃들이 처연하다. 자고 나면 연일 방송에선 사람들과 일정한 거리를 두라며 이웃 간 접촉을 떼어 놓는다. 듣도 보도 못한 일이다. 유치원과 학교에는 개나리꽃으로 재잘댈 아이들의 발그림자를 구경할 수가 없다. 대학 생활의 꿈에 부풀었던 새내기 학생들은 입학도 해 보지 못하고 발이 묶였다. 기대와 설렘 가득한 캠퍼스가 조용하다. 봄비조차 먼지잼으로 그치고 만다.

우리에게 4월은 무수한 희생을 딛고 함께 걸어온 아픈 역사다. 올해 역시 기어이 또 하나의 옹이를 만들고야 마는가. 인내와 기다림이 퍽 오래간다. 아이들 등교가 또 미루어진다. 삶의 리듬이 깨지고 경제가 무너져간다. 코로나바이러스와의 전쟁이 창궐한 지 벌써 4개월째다. 저들은 철저히 제 모습을 드러내지 않고 조용히 스며드는 게 작전인가 보다. 우리의 대응책으로는 수시로 손을 씻고 마스크를 쓰는 것이다. 가까운 사람들과 만남도 중지하고 거리를 두란다. '사회적 거리 두기'다. 이 생경한 단어가 어느새 일상으로 자리를 잡아간다.

날 따시고 꽃잎은 흩날리는데 갈 데가 없다. 사람이 많이 모이는 곳은 가서도 안 되고, 오지도 못하게 한다. 여기저기서 꽃 축제를 취소하며 사람들이 몰려올까 봐 전전긍긍이다. 곱게 가꿔 놓은 꽃 대궐이 무색하게 됐다. 어이없는 일이지만 이것이 현실이니 어쩌랴. 문학관, 도서관에서의 강의도 모두 중지되었다.

평일 정처 없는 발길이 두타산으로 향한다. 진천에서 초평으로 가는 국도의 벚나무는 일찌감치 사회적 거리 두기를 하고 서서 한창 꽃을 피워 물었다. 수상한 시절에도 의연하게 제 할 일에 충실한 꽃무리가 눈부시다. 보아주는 이가 있든 없든 흐드러진 꽃잎이 분분, 마음을 잡는다.

해발 589미터 두타산 오르는 길은 여러 갈래다. 체력에 따라 능력에 맞는 코스를 골라 갈 수 있다. 초평 영수사로 오르는 길과 붕어마을에서 오르는 길은 두서너 시간 제대로 산행을 즐길 수 있다. 산행이 어려운 사람은 전망대까지 차를 타고 가서, 바로 전망대 탑을 올라 사방을 조망할 수 있다.

또 다른 방향은 짧은 산행코스다. 전망대 가는 길 7부 능선

쯤에 이르러 차를 주차시켜 놓고 오른쪽 산길로 느릿느릿 30분쯤 걸어 삼형제봉에 이르는 길이다. 무리하지 않고 산 맛을 느낄 수 있다. 아기자기한 바위가 정겹다. 중간 중간 돌탑이 눈에 요깃거리로 맛깔 난다. 자연적으로 형성된 괴석과 사람이 쌓아 올린 돌탑이 소나무, 진달래 군락지와 환상의 조화를 이룬다. 진달래 꽃빛은 유년의 빛깔 그대로를 간직한 채 위안이 되고 있다. 꽃무리 저 한가운데 어디쯤 어린아이 간을 빼 먹는다는 문둥이가 도사리고 있지 않을까. 어릴 적 들었던 전설을 눈으로 읽는다. 배고픈 시절 꽃잎을 따 먹으며 허기를 달래던 우리의 아픈 과거가 붉은빛으로 흥건히 되살아난다.

진달래 꽃밭을 딛고 선 삼형제봉은 푸른 물결을 품에 안은 한반도 지형이 가장 아름답게 보이는 곳이다. 탁 트인 조망권 안으로 들어온 초평호가 한 폭의 수채화다. 우리나라에서 유일하게 바다가 없는 충청북도, 진천 초평호는 한반도 지형을 품고 있다. 제주도에 해당하는 섬까지 갖춘 온전한 대한민국의 모습이다. 푸른 용의 형상으로 한반도를 끌어안고 도약을 꿈꾼다. 초평호 안에 있는 제주 섬은 만개한 벚꽃으로 인해 하얀 꽃섬에 되어 오도카니 앉았다.

지금 바다 건너 제주도에서는 절정에 이른 유채꽃밭을 갈아엎고 있다. 아름다움이 죄 아닌 죄가 되어 거대한 트랙터의 바퀴 아래 짓밟히고 있는 거다. 정성 들여 가꾼 꽃이 흙 속으로 묻혀가는 모습을 보는 농부의 마음은 어떠할까. 난리가 따로 없다. 언제 어느 때 스며들지 모르는 코로나바이러스의 공포가 이리 사람을 경계하게 한다. 온 세상을 들쑤셔 놓는다. 소리 없는 아우성이다. 미국을 비롯한 유럽, 각국에서는 더욱 치열하게 난리를 치르고 있다. 늘 우리나라를 얕잡던 일본 역시 입을 가리고 우리의 대처 방안을 슬금슬금 넘겨다본다. 대한민국의 대응책이 세계적으로 주목을 받고 있다. 당차다. 중앙재난안전대책본부와 의료진, 국민의 선진의식이 맞물려 대처를 잘해 나가고 있는 게 분명하다.

어려울수록 똘똘 뭉쳐 이겨 내는 저력이 우리에게 있지 않는가. 저 혼자 피고 진 봄꽃이 길을 내어 응원하듯, 이파리를 무성히 피워 올리고 있다. 푸릉푸릉 초록이 바람을 탄다. 생기롭다. 바람 탄 자리에서 희망가를 듣는다.

B-49, 그녀의 사랑

찬연한 봄날이다. 무덕무덕 토해 놓은 연록의 산야는 보는 것만으로도 가슴이 차오른다. 때맞춰 귀한 손님이 찾아들었다는 소식이다. 쉽게 대면하기 어려운 손님인지라 그를 맞으러 나섰다.

장월들 앞 미호천으로 흘러드는 백곡천 변에서 유유히 노닐고 있는 모습이 눈에 잡힌다. 망원경을 통하니 더욱 선연하다. 수려한 용모가 한눈에도 귀티가 흐른다. 늘씬하게 잘빠진 선홍빛 다리하며, 길게 흘러내린 흰 목선의 부드러움은 선 고운 조선 여인을 연상케 한다. 하얀 몸통에 까만 꽁지 깃털과 길고 곧은 검은 부리는 당당하면서도 단아한 선비의 기품이다. 합죽선 펴듯 2미터에 달하는 날개폭을 쫙 펼치고 비상하는 모습에서는 호걸 장수의 품격과 아름다움이 함께 엿보인다.

천연기념물 제199호인 황새다. B-49, 허벅지에 신분증을 달고 날아든 황새의 이름은 '미호'다. B-49라는 개체번호로 인해 교원대 청람 황새공원 소속임과 함께 지난해 4월에 집을 나간 세 살배기 암컷임이 밝혀졌다.

그녀의 곁에서 맴돌며 따르는 녀석은 '진천'이다. 진천이는 야생으로 올해 처음 발견한 우리 지역의 사진작가가 지어준 이름이다. 꽁지 깃털과 날개 끝 깃털의 검은색이 흐린 것으로 보아 두 살 안팎의 수컷으로 추정한다. 미호보다 연하인 셈이다. 암수 구별은 목과 가슴 부분 깃털의 길이로, 나이 들어감에 따라 깃털의 검은색이 점점 짙어진다고 한다.

하나둘 찾아든 새 박사들은 진천이가 아직 미성년자일지, 성년이 됐을지 의견이 분분한 가운데 이 둘의 사랑에 관심을 모으고 있다. 사람들의 시선이야 어디 머물건 늘 가까이 붙어 다니는 모습이 순정해 보인다. 첫사랑일 듯한 진천이의 순수한 사랑 행위가 미소를 짓게 한다. 때때로 부리를 서로 톡톡 부딪치거나 몸을 비비대는 등 애정 표현도 서슴지 않는다. 싱그러운 젊음이 느껴진다.

황새는 현재 세계적으로 12속 17종으로 국제 자연보호연맹의 적색赤色 자료목록에 등록되어 있는 국제보호조로서 멸종위기 야생동식물 1급으로 지정되어 있다. 한때는 우리나라에서 흔히 보던 텃새이기도 했을 만큼 친근하고 길하게 여겨왔다. 그러던 것이 한국전쟁과 그 이후 1960년대에 이르는 동안 밀렵과 산업화로 인한 환경파괴 등으로 멸종의 위기까지 닥치게 된 것이다. 우리나라에서 마지막으로 발견된 황새 부부의 애달픈 사연은 아직도 우리를 숙연하게 한다.

1971년 4월 음성에서 황새 한 쌍이 발견됐다는 뉴스가 떴고, 3일 만에 밀렵꾼의 총탄에 의해 수컷이 사망한다. 홀로 남은 암컷은 남편을 잊지 못해 매년 봄이면 그들이 살던 마을을 찾아든다. 남편 없이 번식하지도 못할 무정란을 낳고 품기를 12년, 쇠약해진 몸은 끝내 농약 중독에 이르게 된다.

겨우 구조하여 1983년 서울대공원에서 사육하면서 인공번식을 시도한다. 시베리아에서 수컷을 데려와 신방을 차려줬지만 모두 거부하며 죽은 남편에 대한 지조를 지키다가 1994년, 홀로 된 지 23년 만에 생을 마감했다. 그렇게 이 땅에서 사라져간 황새는 가끔씩 언뜻언뜻 보았다는 말이 들리곤 했다. 하지만 어디에서도 제대로 오래 머무르지도, 자연 번식도 하지 못했다.

집 나간 미호가 야생의 연하남과 함께 찾아든 곳이 진천이다. 살아서 살 만한 곳, 생거진천은 새들의 세계에서도 소문이 번진 것인가. 두 달 가까이 머물며 사랑을 키워가고 있는 B-49 미호와 진천, 이들의 사랑이 풋풋하게 와 닿는다. 대대손손 예서 터 잡을 조짐으로 이 봄이 더욱 밝고 환하게 빛난다.

봄날은 간다

맑고 밝은 햇살을 차마 바로 볼 수가 없다. 세월호의 침몰, 그 속울음 속에서도 유유히 봄꽃은 흐드러지고, 여린 이파리들은 파닥파닥 싱그러운 녹빛을 더하고 있다. 무정하고 아름다운 봄에 눈이 시리다. 어린이날과 어버이날이 함께 머무는 주간이다.

그 어느 때보다 많이 뇌어보았을 엄마, 아빠 그리고 내 아들, 딸아. 가장 어려울 때 본능적으로 찾게 되는 것이 어버이요 자식인가 보다. 4월, 세월호의 참상은 우리 모두를 어버이이고, 자식이게 했다.

2014년 4월, 진도에서 발생한 연안여객선 세월호의 침몰은 수백 명의 목숨을 앗아갔다. 특히 이제 막 몽우리 지기 시작한 단원고등학교 수학여행단의 희생은 모든 어버이의 가슴을 울렸다. 무수한 생명들이 끝내 차가운 바닷속에서 나오지 못한 채 수많은 의혹과 우리 모두를 역사 앞에 죄인이게 했다.

잔인한 달 4월은 그렇게 온 국민을 슬픔의 도가니에 몰아넣고 유유히 흘러 시간 속으로 사라져갔다. 그리고 감당하기 어려운 현실 앞에서 허우적허우적 노란 리본으로 매달려 다시 5월을 맞고 있다. 온 맘으로 자식을 찾고 어버이를 부르는 애끓음을 하늘에 고하고 있음이다.

노란 리본은 2차 세계대전 당시 전쟁터에 있는 병사들의 조속한 무사 귀환을 바라는 마음을 떡갈나무에 매단 것에서 유래한 것으로 전해진다. 오늘 진도 팽목항, 그 차디찬 바닷속에 잠겨 있는 이들이 하루속히 지상으로 돌아오길 기원하는 마음이 노란 리본으로 나부끼고 있다.

세월호에 잠긴 넋이여

새벽부터 비가 내린다. 열이틀 되던 날,
유가족들의 가슴에 흐르던 피눈물이
온 국민들의 가슴으로,
봄꽃을 피워내던 초목으로 전이되어
철철 꽃비 되어 내린다.

잠잠히 조소기를 내주던 팽목항 바닷물이
다시 부글부글 파고를 높이고 있다

늦어지는 구조, 핑곗거리 또 생기나 보다
아직 다 못 건져 올린 저 가녀린 목숨들,
얼마나 더 몸 부서져야 한단 말인가.

아들아, 어여쁜 딸아, 어쩌면 좋으냐
깜깜한 바닷속 무섬에 까무러친 아가야
온몸이, 온 가슴이 산산이 뭉그러져
뭍을 향해 하얀 파도로 손을 뻗는 너의 넋을
오늘도 헛손질로 망연히 놓치고 있구나.

이 땅의 못난 아비 어미는
애기똥풀 쓰디쓴 피눈물을 토해
노란 리본을 매달며,
제발……
다시 돌아오기만을 기다린다.
미안하고 또 미안하다,

세월호가 기울어지는 그 순간부터 얼마나 많은 이들이 엄마, 아버지를 불렀을까. 비단 아이들만 부모를 찾았겠는가. 백발이 성성한 부모님인들 그 어버이를 찾지 않았겠는가.

해마다 떠들썩하게 치르던 어린이날 큰잔치도, 읍면별로 돌아가며 벌이던 경로잔치도 올해는 모두 접었다. 누구 하나 불만 없이 가슴속에 노란 리본을 매달고 경건하게 일상을 보내는 것을 본다. 마음이 하나 된 모습이다.

세월호의 참변은 그렇게 우리에게 인간의 탐욕이 얼마나 무서운 죄악을 낳는지 무수한 생명을 앗아가면서 경종을 울렸다. 그리고 세월 속으로 깊이 침잠되어가고 있다.

* 세월호의 침몰: 2014년 4월 16일 오전 8시 48분경 전라남도 진도군 조도면 해상에서 청해진해운 소속의 연안 여객선인 세월호가 전복, 4월 18일 완전 침몰. 탑승인원 476명 중 295명이 사망하고 9명이 실종, 안산의 단원고등학교 2학년 수학여행단 325명 중 246명이 희생되고 4명 실종.

헛꽃

이틀째 비가 내린다. 약비라서 그런가. 그리 싫지 않다. 다소 굵게 내리던 빗줄기가 어느결에 가루비로 변해 조용히 내려앉고 있다. 창밖으로 향하던 눈길을 거두고 아예 만뢰산 생태공원으로 길을 잡았다. 오랜 가뭄 끝에 물기 머금은 산녘의 갈맷빛이 한층 생기롭다.

투명한 비닐우산을 챙겨 오길 참 잘했다는 생각을 한다. 바람비도 아닌데 시커멓고 커다란 우산을 받쳐 들었다면 오늘 펼쳐진 이 자연에 대한 모독이 아닌가. 슬며시 치기가 들어 미소가 물린다.

방명록에 사인을 하고 돌아서니 기다렸다는 듯이 모감주나무가 노랗게 웃고 서 있다. 자동차를 몰고 오는 내내 길가에 노란 꽃을 피우고 서 있던 나무들이 모감주나무였다는 걸 여기와서 알았다. 사람 좋은 경비 아저씨마냥 반긴다. 인심 좋은 모감주나무엔 벌들이 윙윙댄다. 비 오는 날, 일을 나온 벌들을 보니 신기하다.

자생수목원, 생태탐방로 방향으로 천천히 걸어 오르는 길이 호젓하다. 둘이 한 우산을 쓴 남녀가 지나쳐 갔고, 몇몇 여인 한 무리를 마주쳤을 뿐, 비닐우산을 빙빙 돌리며 유유자적하는 사람은 나 혼자다.

콩톨만 한 열매를 다닥다닥 매달고 있는 때죽나무가 통성명을 하자고 손을 내민다. 얼결에 악수를 하고 나니 아그배나무가 눈을 찡긋한다. 때죽나무보다야 아그배가 이름도, 열매도 한결 예쁘지 않느냐는 뜻이겠지. 그 옆에 있는 꽃사과 나무는 체리만 한 열매를 발갛게 달고 미소를 짓는다. 이 계절의 싱그러움이다.

야생초원에 이르니 봄꽃 잔치를 치르고 난 뒤, 계절이 지나는 과정을 고스란히 드러낸 민낯이 정겹다. 산기슭 쪽 산책로 따라 파르름한 꽃잎이 나비인 듯 팔랑팔랑 손짓을 한다. 무리 지어 있는 산수국이다.

쭈그리고 앉아 한참을 들여다보니 비에 젖어 함초롬한 산수국의 삶이 눈물겹게 읽힌다. 쌀톨만 한 꽃 수백 송이를 모닥모닥 달고 있어도 하찮은 곤충조차 거들떠보지 않던 삶, 종족 번식을 위한 모성은 자디잔 꽃송이 가장자리에 아름다운 헛꽃을 들였다.

'처첩妻妾의 공생인가? '

잉크 물을 풀어 놓은 듯 청신한 얼굴이 있고, 연분홍 수줍음도 있다. 보랏빛 고고함으로 시선을 끄는 꽃잎은 아름다움의 절정을 이룬다. 가늘고 긴 허리를 낭창낭창, 화사하게 피어난 이 헛꽃을 보고 벌, 나비가 절로 꼬여드는 것이리라.

때마침 빙빙 허상을 좇던 벌 두엇이 걸려들었다.

'어쩌려나?'

자세히 들여다보니 웬일인지 날아든 벌들이 쌀알 흩뿌려 놓은 듯 자잘한 꽃송이에 머물고 있는 것이 아닌가. 눈에 보일 듯 말 듯한 암술, 수술을 다 갖추고 있는 꽃, 진짜 꽃은 그 작은 몸체들이었다.

손톱만 한 헛꽃에는 꽃술이 없다. 뭇 시선을 받고 있는 아름다움은 결국 꽃의 모습을 흉내 낸 헛것에 불과했다. 가루받이를 할 수 없는 꽃, 석녀의 몸이 파르르 흔들리고 있다.

참꽃과 헛꽃, 삶의 진정성은 무엇이란 말인가. 함초롬히 빗물 머금은 산수국이 애틋하다.

2부

여름 산

여름 산은 바늘로 찔러도 피 한 방울 나오지 않을 만큼 서슬이 퍼렇다. 더한 것도 덜한 것도 없이 온통 한가지로 파랗다. 파랗다 못해 검푸르다. 겨우내 늘 푸른 소나무를 동경하며, 찬바람 속에서 가슴 시려 하던 활엽수들이 응어리진 멍울을 풀어 저리 푸른 날을 세웠나 보다.

사시사철 푸름을 간직한 나무를 부러워하던 활엽수들이 마침내 잎을 피워내고부터는 옆도 뒤도 돌아보지 않는다. 비지땀을 흘리며 하루하루 눈에 보일 만큼 가지를 살찌우고 녹綠잎을 숙성시키고 있다. 햇빛도 덩달아 후끈 달아오른다. 그렇게 들끓는 열정으로 여름 산은 우거져 간다. 하늘마저 가리고 저보다 키 작은 나무에게는 햇살 한 줌 나누어주질 않는다. 이파리들이 한 치의 양보도 없이 포개고 또 포개지며 영역을 넓히

느라 바람이 지나갈 여유조차 없다. 그렇게 숨가쁘게 달려온 여름 산, 정작 그 산속에 들면 숲은 보이질 않고 눅눅한 습기가 끈끈하게 달라붙어 몸을 옴츠러들게 한다.

숲이 한창 꿈을 향해 잎을 피울 때에는 진달래, 철쭉을 비롯해 아주 작은 꽃들까지 서로서로 햇살을 나누어 가졌다. 따사로운 햇살 머금어 고운 꽃을 피울 수 있도록 길을 비켜주며 도란도란 정을 나누었다. 무덤가를 지키며 외롭게 살아가는 할미꽃이 햇볕을 쬐고 앉아 자분자분 옛날이야기를 풀어놓는다. 각시붓꽃이 귀를 쫑긋 세우고 이야기에 빠져든다, 제비꽃도 수줍게 보랏빛 꿈을 꺼내 보인다. 앞서거니 뒤서거니 자잘한 꽃들이 몽글몽글 양달 녘을 수놓았다.

겨울잠에서 깨어난 계곡물도 콧노래를 부르며 이 골짝 저 골짝 이야기들을 끌어모아 조잘조잘 전해 주었다. 그래서 늘 비밀도 없이 모두가 한가족 한통속이었다. 맑은 바람도 수시로 놀러 와 머물고 사람들도 앞다투어 산으로 몰려들었다. 사람과 산이 한마음으로 어우러지면 새들도 화음을 이뤄 정겨움을 더하곤 했었다. 미처 자라지 못한 여린 잎사귀조차 팔랑팔랑 산들바람을 일으켜 산을 찾는 사람들을 흐뭇하게 해주며, 그 행복감이 파르름히 윤기로 흘렀다. 양양한 꿈을 키우며 낙낙함이 머무는 그곳은 늘 그렇게 오르고 싶은 대상이었다.

그러던 산이 여름이라는 이름을 달기 시작하면서부터는 서서히 비밀이 생기기 시작했다. 점점 자신의 속내를 감추면서 비밀을 들킬세라 짙푸른 잎으로 바리케이드를 치기 시작했다. 어느새 모두 너무 커버려 경쟁자로 뒤엉켜 버린 것이다. 뻔뻔스러움으로 허리가 점점 굵어지는 나무는 모르는 체, 한쪽 가지를 척 늘어뜨려 남의 영역까지 파고들며 딴청부리기를 예사로 한다. 남의 가지 위로 얼굴을 내밀고 올라서면 하늘 더 가까이서 더 많은 빛을 부릴 수 있음을 안 게다. 그래서 모두 가슴속 음모를 감추고 서슬 퍼렇게 뒤엉켜 숨통 죄며 자신들의 뜻을 밀어붙이고 있다. 머지않아 끈적이며 눌어붙을 그 음습함이 몰고 올 비바람을 아무도 염두에 두지 않는 것이다.

한번 권좌를 맛본 사람은 이미 수렁으로 빠져들고 있음을 알아도 쉽게 헤어나기 어렵다. 허우적댈수록 더 깊이 빠져들 뿐 그곳을 벗어날 수 없다. 아니 어쩌면 벗어나려 하지 않는 것인지도 모른다.

욕심을 키운 나무들은 이미 돌이킬 수 없는, 운명이라 받아들이고 있는 것인지 무모하게 버티고 서 있다. 어쩌면 피멍들도록 두들겨 맞아 줄줄이 꺾이는 비참함이 자신만은 비껴가리라는 요행을 바라는 것인지도 모른다. 그저 뱃살 찌우는 데 여념이 없다. 훅훅 숨이 막힐 듯한 적막 속에 후텁지근함이 진땀으로 배어 나온다.

'과함은 모자람만 못하다 했던가.' 산을 좋아하는 내 남편도 이쯤 되면 산에 오르는 일을 포기한다. 이렇듯 온 산이 천지분간 없이 들끓어 오를 때는 열정을 눌러 자성시키듯, 하늘에서 장대비를 사정없이 내리붓는다. 때때로 태풍을 동반하기도 하고 때로는 온 산을 뒤엎을 듯 천둥과 번개를 내리친다.

한여름이면 어김없이 폭우가 쏟아지는 것은 그래서인가 보다. 이때 뿌리가 깊지도 못하면서 되잖게 뻣뻣하게 구는 몇몇은 여지없이 송두리째 뽑힌다. 또 몇몇은 가지가 꺾이거나 찢긴 후에야 비로소 길을 터 준다. 한번 성盛한 것은 얼마 못 가서 반드시 쇠衰하기 마련이라 하더니 숲속의 초목들은 그렇게 질서를 잡아가고 있나 보다.

언제나 푸르게 그 자리 지켜온 소나무는 그저 단순히 잎만 푸르게 지켜온 게 아니다. 소나무는 잎을 함부로 넓히지 않는다. 꿋꿋하게 흔들림 없이 올곧은 소신을 지켜 가기에 한결같은 모습으로 당당할 수 있는 것이리라.

부추꽃

부추가 하얗게 꽃을 피워냈다. 방울방울 눈물처럼 맺은 꽃송이가 별꽃마냥 처연해 보이는 건 '무한한 슬픔'이라 전해오는 꽃말 때문만은 아니다. 한없이 내어주기만 하는 그의 일생이 우리네 어머니의 삶을 닮은 까닭이다. 첫새벽 정화수 떠 놓고 치성드리듯 언 땅 헤집고 나온 것이 그렇고, 찜통더위에도 녹아내리지 않고 생생히 자신을 지탱해 온 강인함이 그렇다.

부추는 이른 봄부터 어느 푸성귀보다 일찍 싹을 내밀고 나온다. 소소리바람에도 꿋꿋이 여린 햇살을 끌어당겨 잎을 키우면서도 대를 세우지 않고 늘 부드러운 잎을 내준다. 한 뼘 정도 자라기가 무섭게 밑동까지 모조리 잘라내기를 수차례, 참으로 야멸차게 칼질을 해댔다.

파란만장한 생이다. 된장찌개를 끓일 때 한 움큼 베어다 넣으면 풍미를 더한다. 멸치액젓에 새콤달콤 무친 부추김치는 나른한 봄 입맛을 돋운다. 어느 때는 새빨간 고춧가루와 범벅이 되어 오이소박이 속에 박혀 들기도 하고, 삼겹살 구이의 맛을 살려주는 뒷배가 되기도 한다. 부추전으로 이용될 때에는 그래도 양반이다. 만들어진 모양새가 눈맛을 살리고, 담기는 그릇이 우선 보기 좋은 접시이거나 예쁘장한 채반에 올라앉을 수 있으니 폼이 난다. 가장 흉한 모습은 한여름 펄펄 끓는 보신탕 속에 빠져 후줄근한 몰골이 돼 늘어져 있는 일이다. 때로는 난도질당한 채 간장종지에서 숨을 죽이는 경우도 있다. 늘 누군가를 위해 보조적인 역할로서의 삶이다. 그렇다고 효능이 떨어지는 건 결코 아니다.

우리 몸속 요소요소에서 이로운 작용은 도맡아 하고 있다. 칼슘, 철분, 카로틴과 각종 비타민이 함유되어 있고 영양소의 흡수를 돕는다. 이러한 성분들은 피를 맑게 하고, 몸이 찬 사람은 따뜻하게 품어준다. 장을 튼튼하게 하여 소화를 돕기도 한다. 허약체질, 간 기능 개선, 강장효과 등 크고 작은 효능을 꼽자면 손가락이 모자랄 정도다. 그러면서도 두드러지게 자신을 내세우지 않고 자족할 줄 안다.

자르고 베어내도 늘 그만큼 여린 잎을 너풀너풀 키워내는 것을 보면 속이 없는 건지, 어쩔 수 없는 삶을 순명으로 받아들인 지혜인지 모르겠다.

조석으로 건들마에 찬기가 스며들기 시작한다. 새하얗던 부추꽃이 별처럼 파르스름해졌다. 씨방이 점점 커지면서 하얀 꽃잎이 스러져 가는 과정이다. 찬 서리 내리기 전에 까맣게 씨를 영글게 하려는 듯 한낮 따가운 햇볕을 한껏 끌어모으느라 기진해진 꽃잎은 늙어가는 어머니의 낯빛이다.

바람이 불면 바람결 따라 흔들리며 온몸 내어주는 삶을 살아가는 어머니, 그녀인들 왜 당당하게 자신만의 인생을 살아가고 싶지 않았겠는가. 도도하고 아름다운 꽃을 화려하게 피우고 싶지 않았겠는가.

베이고 뜯기면서도 늘 부드럽기만 하던 부추잎 사이로 꼿꼿하게 꽃대를 밀어 올려 찬연히 꽃을 피워낸 건 모성본능이다. 꽃대와 씨방의 내면은 강한 제 본향을 지녔으면서 그를 딛고 피운 하얀 꽃잎에서는 부추향이 아닌 달큼한 꽃향기가 은은하다. 자손 번성을 위한 필사적인 모성의 체취이다.

오롯이 피어있는 한 송이 부추꽃, 어머니….

세월의 꽃

삼복! 그 뜨거운 여름날에 팝콘 튀기듯 피워낸 꽃을 머리에 하얗게 이고 서 있는 나무가 있다. 그것도 상가들이 죽 늘어서 있는 도로변에 보호수란 이름을 달고 친구도 짝도 없이 덜렁 혼자다. 수령 550여 년을 넘기고 있다 하니 결코 적은 나이라 할 수 없는 회화나무다.

어른의 서너 아름이 족히 넘을 만한 밑둥치는 버석버석 소리가 날 듯 꺼칠하고, 세월의 이력이 덕지덕지 엉겨붙어 골을 이뤘다. 속살을 녹여 가지를 늘이느라 삭을 대로 삭아 뻥 뚫어진 속은 인공으로 채워졌고 그 수술의 상처가 크고 깊다. 게다가 허리께에서 뻗어나가던 두어 가지마저 질병으로 인해 뎅겅 잘려서 전체적으로 기우뚱해진 몸뚱어리다. 그럼에도 불구하고 함부로 범접할 수 없는 그 어떤 기운이 강하게 느껴지는 것은 무엇 때문일까?

일명 홰나무라고도 불리는 이 나무는 둥글고 온화한 모양이라 중국에서는 학자수學者樹로 여겨 선비가 살던 옛집이나 학문을 강론하던 곳에 즐겨 심었다고 한다. 우리나라에서도 향교나 사찰 경내에 거목으로 자리 잡고 있는 것을 볼 수 있다. 더러 마을 어귀에서 수호신처럼 마을을 지켜가기도 한다.

진천읍 시가지 한복판에서 우리와 함께 숨쉬고 있는 나무를 올려다보고 있으려니 그에 대한 이력을 잘 알지 못하는 사람이라도 순탄하지 않았던 삶을 대번에 읽어낼 수 있을 것 같다. 자동차 왕래가 빈번하고 인도의 보도블록이 뿌리를 누르는 고통을 감내하면서도 이 지역을 든든히 지키고 있다. 굴곡을 견디며 애환을 같이해 온 역사의 산증인으로 우뚝 서 있는 것이다.

언제부터인가 우리는 이 길을 '홰나무거리'라 부르기 시작했고 지금까지 정겨움을 주는 길이 되었다. 그 오랜 세월 변란의 역사를 거쳐 산업화로 자연이 파헤쳐지는 수난을 겪는 동안 여기저기 골 깊은 상흔을 안고서도 잎 그늘을 넓히며 의연하게 서 있다. 말없이 꿋꿋하게 제 몫을 다하는 것을 보니 그저 호락호락 세월만 보내며 오늘을 맞은 게 결코 아니다.

점점 더 심해 가는 대기오염과 소음, 그리고 밤새 네온사인 반짝이는 악조건을 견디면서도 그 큰 몸집에 눈송이를 흠뻑 뒤집어쓴 듯 상앗빛 앙증맞은 꽃들을 다보록이 피워 올린 노구

老軀가 새삼 경이롭다.

얼핏 보면 수형이 느티나무처럼 생긴 것 같지만 잔가지를 옆으로 지나치게 많이 펼치지 않고 있다. 나뭇잎은 느티나무 잎보다 훨씬 더 자잘하면서도 그늘은 깊다. 회화나무가 콩과 식물이라는 것이 신기하다. 그 큰 몸집에 소복하게 피운 꽃들은 콩꽃, 그와 꼭 닮은 모습으로 나풀나풀 실바람을 타고 땅으로 내려앉는다. 열매 또한 잘록잘록 콩꼬투리처럼 생겼다. 콩과 식물임에 틀림이 없다.

깊게 드리운 회화나무 그늘 아래서 할머니 두어 분이 앉아 땀을 식히고 있다. 보퉁이 하나씩을 옆에 두고 있는 것으로 보아 오일장을 보고 가는 길인 듯싶다. 마을 사랑방 역할을 하던 회화나무 그늘은 주변의 여건상 옛날처럼 돗자리 깔고 앉아서 부채질하며 한가롭게 쉴 수 있는 쉼터가 이미 아니다. 단지 그 자리를 지키며 아련한 추억이 되어버린 지금은 지나가던 행인이 이렇게 잠시 멈춰서서 한숨 돌리고 지나칠 뿐이다.

쉬고 있는 할머니들 주변으로 떨어져 내려앉는 작은 꽃들을 주워 손바닥에 올려놓아 본다. 되바라지지 않고 살포시 열린 꽃잎, 냄새 또한 은은하다. 어쩌면 이 할머니들의 새색시 적 모습이 이러하지 않았을까. 골진 주름 사이사이로 아직 남아 있는 상앗빛 수줍음을 본다.

"뭘 하누?"

"예, 꽃이요. 큰 나무가 이렇게 콩꽃처럼 조그맣고 예쁜 꽃을 피웠네요."

할머니가 나무를 올려다보며 자글자글 골을 이룬 얼굴에 의미 있는 웃음을 머금는다. 말없이 엉덩이에 눌어붙어 있던 꽃잎을 툭툭 털고 일어난다. 어기적어기적 발걸음을 옮기는 할머니 등 뒤에서 나무 냄새가 난다. 시큼한 땀 냄새가 아닌 회화나무 꽃향기가 풍겨온다.

자식들 다 떠나 휑해진 집을 혼자 지키고 있을 저 할머니들도 뻥 뚫어진 가슴에 응어리를 채우고도 수줍게 꽃들을 피워낼 마음 한 조각 들어앉아 있음이겠지.

지워지지 않는 풀물

계속되는 가뭄에 부서질 듯 마른 햇살이 서편 산마루를 막 돌아들 무렵, 빗자루를 들고 고샅을 쓸러 나왔다. 두어 번 비질을 하다 보니 보도블록 틈바구니를 비집고 푸릇푸릇 고개를 삐죽이는 잡초들이 빼곡하다.

'이까짓 잡초쯤이야.'

빗자루를 한옆에 던져 놓은 채 쭈그리고 앉아 한 포기 한 포기 손으로 뽑고 있으려니 보통 일이 아니었다. 어찌나 어깨를 다닥다닥 붙이고 서로 의지하듯 촘촘히 늘어서 있는지 굳건하게 스크럼을 짜고 투쟁하는 데모 대열 같다.

나름대로 살아가는 방법을 터득하여 깊게 뿌리를 내린 채 쥐어뜯기고, 밟히고, 뽑히면서도 줄기차게 종족을 번식해 가고 있다. 하필이면 하고많은 기름진 땅을 두고 이 메마른 틈바구니에 터를 잡았을까. 딱한 일이다. 어려운 상황에서도 해마다 얼굴을 내미는 이것들이 안쓰럽기도 하고, 한편 그 강한 생명력이 놀랍기도 하다. 여느 때 같으면 우리 서민들의 억척스러움을 닮은 듯하여 친근한 마음이 들었을 터이지만 지금은 영 곱게 보이질 않는다. 일 같지도 않은 것이 사람을 무한정 잡고 늘어지는 것 같아서이다.

봄 가뭄 탓일까. 땅이 메마르면 사람의 마음도 덩달아 가는 것인지, 오늘따라 유난히 잡초들이 귀찮고 밉살스럽다. 눈살을 찌푸리고 부지런히 더욱 야무지게 손놀림을 계속한다. 대부분 머리채를 쥐어뜯기면서도 모질고 그악스럽게 버틴다. 그러다가 뽑힌 긴 뿌리에는 앙탈이 앙알앙알 매달렸다. 어쩌다 보니 이렇게 태어났어도 제 딴에는 처지에 순응하며 낮게 엎드려 겨우겨우 목숨을 연명해 가고 있는데, 이제 그 자리마저 빼앗겨 몰살을 당하게 되었으니 모지락스러울 수밖에 없었겠지.

'여기 말고 어디 산자락 한 귀퉁이에라도 터를 잡았더라면 좋았을 걸.'

처음에는 쪼그리고 앉아 그저 얌전히 두 손가락으로 뽑아내려던 것인데 상대가 생각지도 않게 안 뽑히려고 강하게 맞서니 은근히 부아가 치민다. 꼬챙이를 가지고 나와 엉거주춤 서서 보도블록과 블록 사이를 벅벅 긁어댔다. 땀방울이 송알송알 맺히기 시작한다.

'지가 버티면 얼마를 버틴다고.'

이마에 매달려 있는 땀방울을 두 팔로 번갈아 쓱쓱 문질러 떨어내며 한참 소리 없는 싸움을 계속하고 있는데 어느 틈에 앞집 할머니가 나와 한 몫 거든다.

"잡초가 생명력이 강하다고 하더니만 그 말이 딱 맞네. 정작 싹 틔울 우리 들깨 모는 가뭄에 옴쭉도 못하고 있는데 여기 있는 풀은 언제 이렇게 돋아났대?" 하시며 한편에 던져 놓은 빗자루를 들어 나뒹굴어져 있는 풀들을 써-억 썩 쓸어내린다.

레슬링에서 밧데루 당한 선수마냥 바닥에 납작 엎드려 안 뽑히려고 안간힘을 쓰다 기어이 뿌리 뽑힌 놈, 허리춤이 잘린 놈, 가릴 것 없이 한꺼번에 쓸려나가 쓰레기더미에 쿡 처박힌다. 싸움도 말리는 사람, 편드는 사람이 있어야 제맛이라더니 할머니가 나와 거드니 한결 마음이 누그러진다. 그들도 제 몫을 한다고 거기 자리를 틀었을 터인데, 무에 그리 깔끔을 떤다고 꼬챙이로 박박 긁어댔을까. 웃자란 놈이나 대충 뽑아낼 일이지. 따지고 보면 그들이 원주인일지도 모를 일인 것을.

야트막하고 햇빛 따사로운 언덕배기에 제비꽃, 원추리, 꽃다지와 더불어 여러 생물들이 네 땅 내 땅 구분 없이 생긴 대로 앉을 만큼씩만 자리를 잡고 살아가는 초원이 있었다. 어느 날 이상한 이들이 몰려와 땅을 재고 가르고 콘크리트를 치고 툭탁거리며 세상이 뒤집히듯 요란한 일이 일어났다. 사람들의 마을이 들어선 것이다. 평화는 깨지고 따뜻한 보금자리를 빼앗

긴 채 대다수 초목들은 살아남지 못했다. 얼마간은 멀리멀리 그 씨를 날려 떠났다. 겨우 남은 몇몇이 모진 목숨 부지하며 모질어진 자리에서 대를 이어가고 있었던 것이다.

이런 마을에 내가 살고 있다. 30여 호가 옹기종기 지붕을 맞대고 이웃 간 도타운 정도 나누며 마음 넉넉한 양 지내 왔는데 여기에도 누군가의 희생이 있었다는 것을 까마득히 모르고 지내왔던 것이다.

싱그러운 바람과 마음껏 사랑을 나누며 거칠 것 없이 풀풀 자라던 풀포기가 예고도 없이 밀고 들어오는 힘을 막을 수 없었던 것은 당연했을 것이다. 잡초들은 소리 한번 질러보지 못한 채 너른 땅 다 내어주고 가느다란 입김에도 오소소 떨며 평생을 앉은뱅이로 살아가야 하는 운명이 되어버린 것이다. 얼마나 기가 막히고 억울한 일인가. 주객이 전도된 줄도 모르고 땅땅거리며 주인 행세를 하는 사람들은 또 얼마나 웃기는 철면피인가.

이라크 사막에 모래 폭풍이 무섭게 소용돌이치고 있다. 만화 영화에나 나옴직한 무기들이 일제히 이라크로 향하여 하늘을 가르고 모래를 뒤엎고 있는 것이다. 모래 폭풍 속에 끊임없이 이어지는 장갑차 행렬이 텔레비전 화면 가득 클로즈업되었다가 사라진다. 제각기 마음속 진실을 시커먼 방독면과 철모로 꽉꽉 가려 외계인처럼 중무장하고 분주히 움직이는 수십만의 인간행렬이 또다시 다가와 화면을 덮는다. 바그다드 밤

하늘에 울컥울컥 토해낸 검붉은 각혈덩이들이 수없이 머물다가 쏟아져 내려 유프라테스강, 티그리스강을 벌겋게 물들이고 있다.

사람들은 약한 자를 밟고 올라서면 또 한 번 둘러본다. 다음에는 어디를 밟고 올라설까. 어느새 인간의 속성이 되어 버린 이 약탈적인 이기심이 무섭다. 내가 살기 위해 그럴 수밖에 없다고 합리화시키려는 마음이 더더욱 무섭다.

꼬챙이를 던져 버리고 서둘러 집 안으로 들어왔다. 여전히 텔레비전 화면은 포연을 흠뻑 뒤집어쓴 채 윙윙 포성이 귓전을 때리고 있다. 꼬챙이를 움켜쥐었던 손이 퍼렇게 풀물이 들어 나를 노려보고 있다. 비누 거품을 내어 씻고 또 씻었다. 한참을 씻어냈는데도 손가락 끝 지문을 따라 골골이 묻어 있는 푸른 핏물은 쉬 지워지지 않는다. 한동안 상흔으로 남아 있을 것만 같다.

지금 그곳에는

한 사십여 년쯤 거슬러 올라가야 될까 보다.

마을 어귀를 나서면서부터는 길게 심호흡을 하고 될 수 있으면 숨을 양껏 들이마시며 호흡을 가다듬어야 한다. 곧장 신작로로 들어서게 되기 때문이다. 그 길로 접어들면 왼편으로 상엿집 하나가 떡 버티고 있다. 아무리 외면을 하고 걸어도 자꾸 신경을 잡아끈다. 노란색 양은 주전자를 오른손에 옮겨 들고 왼손으로는 치맛자락을 끌어다 주전자 물 꼬다리를 틀어막고 단숨에 그곳을 지나친다.

'빨리 걸어야지, 빨리 걸어야지.'

급하게 마음 먹을수록 두 발은 자꾸 꼬여 더뎌진다. 이상한 소리가 계속 발뒤꿈치로 따라붙는 듯하다. 그렇다고 뛸 수는 더욱 없다. 그랬다간 이내 뒷덜미를 잡히고 말 것 같으니까.

신작로라고는 하지만 차가 다니는 길이 아니고 우마차 정도나 다니는 길이기 때문에 바퀴 지나간 자리만 두 줄로 흙길이 빤히 나 있고 양옆과 가운데는 잡풀이 무성하게 자라 있다. 걸음을 옮길 때마다 삐죽삐죽 멋대로 자란 잡풀이 자꾸 종아리를 스친다. 멀리 콩밭을 매고 있는 엄마 모습이 보이기 시작하면서부터는 종아리에 스치는 그 감촉이 근지러워 짜증이 난다. 괜스레 앞 발부리를 툭툭 내뻗어 애꿎은 흙바닥만 찍으며 걸어가 물 주전자를 엄마께 불쑥 들이민다.

그렇게 학교에 다녀와서 밭에 물 내가는 일은 한 모롱이 돌 만치의 거리지만 멀고 힘들게 느껴졌다. 그것은 마을을 막 벗어나 신작로 왼편에 있던 상엿집, 순전히 그것 때문이다. 그곳을 지나칠 땐 번번이 이런 곤혹스러운 마음이 들곤 했다.

그 경황 중에도 엄마가 마실 물속에 무슨 이상한 기운이 스며들까 봐 걷기 불편한 자세가 되면서도 주전자 물 꼬다리를 틀어막았었다. 들이쉬는 숨에도 무언가 딸려 들어올 것만 같아 들숨은 쉬지도 않은 채 정신없이 지나쳤던 것을 생각하면 지금도 웃음이 삐져나온다.

그랬던 신작로는 이제 더 넓게 밀어 아스팔트로 포장을 하고 새로운 찻길이 되었다. 상엿집도 어디로 옮겨졌는지 그냥 없애버렸는지 알 길이 없어진 지금은 엄마도 더이상 콩밭을 매지 않으신다. 대신, 밭 윗머리 야트막한 산자락에 뗏장이고 누워서 당신이 가꾸셨던 밭을 지키며 자동차 달리는 신작로를 바라보고 계신다.

잡풀이 무성하던 그 길에는 지나가는 사람 수보다 자동차의 수가 더 많아져서 사람을 벗하기보다 자동차를 벗삼고 있는지도 모른다. 그러나 엄마가 가장 신바람나 하실 일은 뭐니뭐니 해도 자라나는 곡식들을 지켜보는 일일 게다.

그런 엄마에게 심기가 편치 않을 일이 생겼다. 콩을 심었던 밭에는 몇 년 전부터 사촌오빠가 고추를 심고 가꾸며 집안 소식도 전해 주곤 하였는데, 그 오빠마저 밭일은 이제 힘에 부친다고 손을 놓았기 때문이다. 생전에 부지런하기로 소문났던 우리 엄마, 벌렁 나자빠져 놀고 있는 밭을 내려다보며 또 얼마나 안달복달하실까.

노란 물주전자 대신 술 한 잔을 따라 올린다.

"엄마, 이런 것이 우리 밭뿐이 아니고 멀쩡해도 맨 묵정밭 투성이야. 수지타산 따져보고 품값도 안 나오게 생겼으면 놀려야지 별수 있나?"

변명 아닌 변명을 해 본다. 아무리 세월 탓으로 돌려도 엄마의 손길로 윤기 흐르던 그곳이 여뀌나 바랭이 같은 풀들이 쑥대강이처럼 뒤엉켜 낄낄거리고 있는 꼬락서니를 보는 것은 나도 영 싫다. 하물며 밭머리에 누워 밤낮없이 그 꼴을 보아야만 하는 내 어머니 심정이야 오죽하랴.

오랜 세월 동안 엄마는 참으로 열심히 땅을 일구고 가꾸었다. 한 뼘씩, 한 뼘씩 땅이 늘어날 때마다 엄마의 손가락은 휘어들기 시작했고 산자락조차 그분의 손길이 닿기만 하면 비옥하게 변해 갔다. 그러는 동안 열 손가락이 모두 휘어들어 어느덧 호미를 닮아 있었다.

그렇게 길러낸 농토가 잡풀들의 난리굿 마당이 되어 휘도는 한편에서는 실업 대란이란다. 실직자가 얼마이고 실업 대책이 어떻고 떠들고들 있는데 그 많은 실직자는 다 어디로 갔는지 농촌은 일손이 부족하다. 눈에 띄는 곳곳이 묵정밭이지만 호미 닮은 손가락을 가진 실업자를 나는 한 번도 본 적이 없다.

곳곳에서 3D 현장 기피 현상이 두드러져 힘든 일은 얼굴이 오종종하게 생긴 이국 젊은이가 맡은 지 꽤 오래되었다. 실정이 이러한데도 그 실업자들은 곳간 빈 양반 헛기침만 하듯 꿈벅꿈벅 무언가를 기다리며 웅크릴 뿐이다. 희망 근로, 청년 일자리 창출사업 등 해결책이라고 해야 '눈 가리고 아웅'이다. 오히려 희망 근로로 인해 농촌 일손은 더욱 어려운 실정이 되었다.

나뒹굴어진 논밭에는 풀들만 살판났다. 봉분 잔디 위에 듬성듬성 한 치나 웃자라난 잡초를 뽑고 있으려니 '끌끌' 엄마의 혀 차는 소리가 들리는 듯하다. 하늘은 무심히 더 멀리 높아져만 가고 애꿎은 상수리나무가 대신 얼굴을 붉히고 있다.

실미도 그 섬이

그 섬이 그랬습니다.

실미도 앞바다를 헤엄쳐 오느라 기진해진 파도가 뭍으로 기어오르려 철썩이며 모래톱을 할퀴던 것이 처절한 울음소리였던 것을 그때는 몰랐습니다. 파도는 그저 으레 그런 소리를 내는 것이려니 했었습니다. 번번이 뒷덜미를 끌려가면서도 안간힘으로 달려와 손을 뻗는 파도, 그 파도 끝자락을 맨발로 밟으며 아이들과 합세해 장난을 쳤더랬습니다.

"우리 집에 왜 왔니, 왜 왔니."

"꽃 찾으러 왔단다. 왔단다."

끊임없이 내리덮는 해무를 헤치며 33년간의 베일을 벗고 실미도 사건이 세상에 드러나기 몇 해 전이었습니다. 여름휴가를 갔던 그 바닷가는 무의도舞衣島, 이름만큼이나 조용하면서도 아름다운 자태로 세상의 때가 묻지 않은 곳이었습니다.

몇 년 후 문학 세미나 관계로 그곳을 다시 찾았습니다. 6월 초의 저녁 솔숲 바람이 보시시 솜털을 일으켜 세웁니다. 나도 모르게 소맷자락을 끌어내리며 눈은 어스름해지는 해안가를 더듬었습니다. 한기를 느끼는 것은 노을도 마찬가지인 모양입니다. 발그레하던 얼굴이 이내 검푸르딩딩 흩어져 어둠 속으로 스러져 갑니다. 옷깃 속으로 기어드는 한기가 순전히 솔숲에 이는 바람 때문이면 차라리 좋겠다는 생각을 했습니다.

발걸음은 이내 바닷가 모래사장으로 옮겨가고 있었습니다. 스무아흐레 밤, 별빛만 보이는 것이 어쩌면 다행입니다. 모래톱을 할퀴며 울던 그때 그 파도는 잠잠합니다. 낮에 뭇사람들이 어지러이 찍어 놓았던 발자국들이 크레이터처럼 입을 쩍쩍 벌리고 울퉁불퉁한 자신을 드러냅니다. 등줄기가 서늘해져 옵니다.

어둠은 치부를 가려 주기도 하지만 또 때로는 밝은 곳에서는 제대로 행동을 못 하던 것들이 불뚝불뚝 겁 없이 대들기도 합니다. 낮에 아득히 보이던 인가의 불빛이 한 발 앞인 듯 가깝게 다가옵니다. 건너편 어둠에 잠긴 실미도는 내일 물때를 기다리며 잠이 들었는지 조용합니다.

새벽이슬을 이고 누군가 바닷물에 사그락사그락 비질을 하며 서서히 길을 내고 있습니다. 훍살이 물뱀처럼 드러나는 길 위로 자박자박 발걸음 소리는 다가오는 듯한데 사람의 모습은 보이질 않습니다. 실눈을 뜨고 초점을 모아도, 더 멀리 시선을 줘 봐도 하늘인지 바다인지 모호한 지평선만 아득합니다. 무엇인가 선명하게 밝혀줄 것만 같은 밝은 햇살에 힘입어 드러난 바닷길을 걸어 실미도에 발을 들여놓습니다.

실미도는 야트막한 야산입니다. 바다와 갯벌을 끼고 동그마니 홀로 앉아, 사람이 살지 않는 섬입니다. 간간이 떠 있는 구름을 이고 낮은 구릉에 잡목, 소나무 수림과 풀꽃들이 섬을 지켜 가는 곳입니다. 동쪽으로는 무의도를 마주보는 해안으로 결 고운 백사장이 펼쳐져 있고, 서쪽으로는 684 북파 공작대원의 막사와 유격 훈련장이 있던 곳으로 기암과 괴석이 어우러진 곳입니다.

이곳에 한 때의 젊은이들이 스며들었습니다. 1968년 4월 창설된, 서른한 명의 북파 공작대원들입니다. 시대의 흐름에 따라 바람처럼 들어와 3년 4개월 허우적대며 가쁜 숨을 토해 놓던 곳입니다. 사람이 필요에 따라 살인 병기가 되기도 하고 소용 가치에 따라 또 폐기처분이 되기도 하는 것인지. 역사의 소용돌이에 휘말려 684부대는 바람처럼, 아니 유령처럼 그렇게 잠시 나타났다 가뭇없이 날아가 버렸습니다. 흔적이라곤 그들이 마셨던 우물과 허름한 화장실뿐. 그들이 뒹굴던 해골능선도 아마 그때 붙여진 이름인가 싶습니다.

북파공작을 위해서 살인 병기로 길든 이들은 1970년대 초, 국제적인 긴장 완화와 남북화해 무드에 따라 존재가치가 불필요해지게 됩니다. 급기야 정부는 이들을 모두 제거하게 되고 세월 속에 의문의 실미도 사건은 묻혀 갔습니다. 30여 년이 지난 후 영화 <실미도>를 통해 이 사건은 일반인들에게 공개가 되어 진상이 드러나기 시작하였고, 우리는 슬픈 역사를 다시금 되돌아보는 계기가 되었습니다.

실미도의 주인공들은 영화에서처럼 모두가 범죄자나 낙오자들은 아니었겠지만 고단한 삶을 짊어진 젊은이들이었을 겝니다. 그들이 목숨을 걸고 이루려 했던 꿈과 존재가치는 누구에 의해 관장이 되었던 것인지.

"임금님 귀는 당나귀 귀."

파도가 대신 주문을 외듯 철썩입니다. 유령처럼 사라진 영혼을 대신해 영화 속의 주인공들을 내걸어 감쪽지만 한 역사의 현장을 보여주고 있을 뿐, 실미도 영화세트장은 불법 건축물이라는 명분으로 헐려 버렸다고 합니다.

"그걸 왜 헐어. 그대로 두면 관광 세수가 얼마인데?"

누군가 주판알을 튕겨대고 있습니다.

자기의 자리를 찾기 위해 울부짖으며 죽어간 영혼들은 차라리 그 섬에 그냥 마가렛꽃으로 흐드러지게 뿌리내렸는지도 모르겠습니다. 바람 한 줄기 꽃잎을 흔들며 무심히 스쳐 갑니다. 한 때의 젊은이들이 해골 능선에서 뒹굴다 흔적도 없이 사라진 것처럼…….

바람과 함께 사람들이 물때 맞춰 서둘러 실미도를 빠져나옵니다. 바닷물은 열렸던 길을 서서히 막아 버렸고, 실미도, 그 섬은 다시 혼자가 되어 저만치 물러나 앉아서 하염없이 사람들의 뒤꼭지를 바라보고 있습니다.

열나흘 달빛

저녁을 먹고 도착한 세금천은 서서히 어둠에 잠기고 있었다. 유장하게 흐르던 냇물이 소쿠라지듯 요란한 소리를 낸다. 한여름 밤, 달빛 아래 초평호반 둘레길을 걷자는 계획이 무너지는 소리다.

밤새 내린 빗물에 온몸이 잠겨 허우적대다 저녁나절 겨우 정수리의 숨통이 열렸나 보다. 온종일 시달린 듯 돌다리는 새까매진 등가죽을 드러내며 벅찬 숨을 훅훅 토해내고 있었다. 열기가 찐득하니 몸에 달라붙는다. 밤바람도 그 열기를 어쩌지 못해 하얗 후터분하게 흩어진다.

여울지는 황톳물은 여전히 기세등등하게 물방울을 튕겨대고 있다. 평소 성긴 듯 무던해 보이던 돌다리도 아무때나 결코 호락호락 길을 내주지 않겠다는 의지가 결연해 보인다. 호기 있게 밤길을 나섰던 배짱이 주춤해진다.

만삭의 몸이 된 열나흘 달빛은 유유히 농다리를 건너 저만치 앞서 길을 밝히고 있다. 예닐곱 일행은 다리 위로 한 발도 내딛질 못하고 주변을 맴돌 뿐, 자연 앞에 맞설 수 없는 작은 존재임을 실감하고 있다. 여름이면 몇 차례씩 폭풍우를 겪어 내면서도 천년세월을 견뎌온 돌다리의 저력을 다시금 생각해 보게 된다.

유유하게 흐르든, 소쿠라지든 물살을 거스르지 않는다. 결의 흐름을 쫓아 구불구불 몸의 형태를 구부리고 있다. 제각각 생긴, 크고 작은 돌들을 다독이며 모난 각을 궁굴려온 것도, 여기저기 빈틈을 보이는 성긴 다릿발도 물의 흐름이 쉽도록 하기 위한 배려가 우선했음을 알 수 있다.

어쭙잖은 자존심을 내세우며 시멘트나 현대문명의 이기로 빈틈없이 싸 바르고 완벽한 듯 꼿꼿한 자세로 맞섰다면 벌써 무너지고 말았을 것이다. 다리 초입, 오른쪽에 벌렁 자빠진 형태로 살아가는 버드나무만 봐도 그 이치를 읽을 수 있다.

다리 근처에는 양 옆으로 버드나무가 하나씩 서 있을 뿐, 그늘을 드리울 만한 큰 나무가 없다. 그러니 오른쪽에 번듯하게 서 있던 그 버드나무는 오죽 의기양양, 호기롭게 살아갔을 것인가.

그러던 어느 폭풍우 휘몰아치던 날, 황톳물 넘실거리는 그 물가에서 굽힐 줄 모르고 물길에 맞서다가 결국 뿌리째 뽑혀

쓰러지고 만 것이리라. 세상 이치를 거스른 데 대한 준엄한 벌이었을지도 모른다.

그래도 오랜 세월 함께해 온 세금천 물살은 그를 쓰다듬어 다시 생명을 이어가도록 손을 잡아 주었다. 위로 향하던 뿌리는 뒤둥그러져 있지만, 땅에 닿았던 부분은 땅속으로 더 깊이 뿌리를 내리며 힘겹게 생을 영위하게 된 것이다. 세상 이치에 대한 깨우침을 호되게 체험한 버드나무의 새 삶을 본다. 그도 점점 농다리의 삶을 닮아가나 보다.

누운 채 가지를 다시 일으켜 세워 살아가고 있는 버드나무는 '강함은 부드러움을 결코 이기지 못함'을 온몸으로 증명이라도 하듯 지금 겸손하게 몸을 굽힌 자세로 사람들에게 그늘을 드리워 주고 있다. 휘어진 몸통을 타고 오르는 사람들도 편안하게 받아주고, 기대어 서서 사진을 찍는 사람에게는 잔가지를 늘어뜨려 멋진 배경이 돼주는 배려도 아끼지 않는다.

부드럽게 마음을 열고 받아주는 버드나무가 오늘따라 정겹다. 오가는 마음이 통했기 때문이다. 어느새 열나흘 달빛이 버드나무 가지 사이로 끼어들어 운치를 돋우고 있다. 달빛과 돌다리 그리고 버드나무와 사람이 어우러져 한 폭의 수채화로 머무는 여름밤이 점점 깊어가고 있다.

자귀꽃 그 두근거림

초록이 한창 절정으로 치닫고 있다. 의회 뒤뜰에 대수롭지 않게 서서 눈 정을 주고 있는 나무가 하나 있다. 한여름이면 명주 실오리를 풀어 뭉싯뭉싯 연분홍 꽃무리를 만들어내는 자귀나무다. 가늘고 보드라운 수십 가닥의 하얀 실오라기들이 태양 빛을 머금어 실 끝을 점점 발갛게 물들인 것이다. 영락없는 부챗살 모양이다. 이 꽃들은 바람결에 부채춤을 추듯 일렁이며 종종 나를 창가로 불러내 이야기를 나누자 한다.

처음 그에게 마음이 끌리기 시작한 것은 결코 잘생기지도, 고급스럽지도 않은 데다 잘 다듬어지지 않은 수형에 어찌 그리 섬세하고 우아하게 꽃살을 만들어낼 수 있을까 무던하게 느껴지는 그 심성 때문이었다. 아니 어쩌면 그가 지니고 있는 '두근거림'이라는 꽃말에 끌렸는지도 모르겠다. 그해 여름 나 또한 의정이라는 새로운 세계의 길로 접어들면서 느끼는 심정이 꼭 그랬으니까.

의회에 들어와 활동한 지 어느덧 4년이 흘렀다. 나무 아래에서 꽃을 올려다보는 것과 2층 사무실 창가에서 그 꽃을 내려다볼 때와는 분명 달리 느껴졌다. 세상을 바라보는 시야가 넓어진 것도, 빛과 그늘을 한눈 안에서 같이 볼 수 있게 된 것도 자귀나무를 보면서이다.

임기를 무사히 마치고 짐을 꾸리던 날, 묵묵히 배웅해 주던 자귀꽃이 유달리 고왔다. 아마도 처음 그 두근거림을 함께하며 정을 통해온 까닭일 게다. 더구나 6월의 마지막 그날은 강원도 최전선에서 정훈장교로 군 복무를 하던 막내아들의 전역식이 있던 날이기도 하다. 우연이지만 엄마와 아들이 같은 날 현직을 마무리하게 된 것 또한 의미가 깊게 느껴진다.

끝점은 또 다른 시작점이라 했던가. 아들과 함께 각각 또 다른 출발선상에 섰다. 문득 내가 처음 생소한 길로 접어들 때가 생각났다. 두 갈래 길이 눈앞에 펼쳐졌다. 하나는 늘 다니던 길과 비슷하여 편안해 보이는 길이요, 또 다른 하나는 사람들이 많이 다니지 않아 잡풀이 무성한 조붓한 길이었다. 습관처럼 편안한 길로 접어들려는 순간, 좁은 길 쪽 사람들이 잡아끌기 시작했다.

참으로 어려운 선택의 길목에서 운명이라는 말을 떠올려도 보았다. 사람들에게는 정해져 있는 길이 있는가. 썩 내키진 않지만 이 낯선 길도 내가 헤쳐나가야 할 운명이라 여겨져 받아들이기로 했다.

나는 힘들고 주저앉고 싶을 때마다 아버지를 생각하는 버릇이 있다. 그동안 바른길을 걸을 수 있었던 힘은 '내 자식은 절대로 허튼짓은 안 한다.'라는 자식에 대한 아버지의 절대적인 믿음 덕이었다.

익숙하지 않은 길로 접어든 내내 처음 겪는 낯섦과 내 안의 부적응을 융화시키며 무사히 임기를 마쳤지만 부끄러운 부분이 많았음도 부인할 수 없다. 많은 사람들이 묻는다.

"의정활동도 끝났으니 이제 뭐할 거냐?"

오십도 중반을 훌쩍 지난 이 나이에 계획을 세운들 뜻대로 할 수 있는 여건이 아니지 않는가를 반문했지만 무슨 일인이든 부담 없이 할 수 있는 것이 어쩌면 지금의 나이라는 생각이 든다. 모처럼 어미 곁에서 한가로이 쉬고 있는 아들을 슬그머니 돌아본다.

'저 아이도 과연 제 하고 싶은 일을 골라 할 수 있을까?'

꿈을 갖고 가슴 뛰는 일을 찾기보다는 밥벌이 차원에서의 직업을 구해야만 사람 대접을 받는 것이 요즈음 젊은이들의 처지가 아닌가.

아들은 해보고 싶은 일을 두어 가닥으로 꼽는다. 안정적인 직업과는 거리가 멀다. 젊어서 해볼 만한 일임에는 틀림없지만 선뜻 "좋아. 해봐." 소리가 나오지 않는다. 군대 다녀와서 직장을 잡고 결혼을 해야 정상적인 삶이라는 것이 이미 정석으로 굳어져 있기 때문이다. 아이가 하고 싶은 일은 그저 꿈으로 치부하고 있었다. 머리 따로 마음 따로 이율배반적인 생각이 내 안에 머물러 있음을 느낀다.

'어찌해야 하는가?'

아버지께서 어린 날 내게 하셨던 것처럼 나도 아이를 무조건 믿고 기다려 봐야 하는가.

"내 자식은 잘해 나갈 수 있니라."

아버지의 음성이 자귀꽃 너울을 타고 선연히 들려온다.

물길

아이들과 함께 도착한 곳은 펄이었다. 썰물 뒤 드러난 갯벌이 생명체가 꿈틀꿈틀 살아 숨쉬는 곳이라면, 이곳은 온통 진흙을 뒤집어쓰고 널브러져 호흡이 일시 정지된 곳이다. 비교적 풍토가 온화하여 큰 재해도 없었고 살기가 좋아 생거진천이라 불리는 내 고향은 지난여름 유례없이 집중 폭우를 맞았다. 여기서 태어나서 자란 내가 처음 맞닥뜨린 엄청난 수해였다. 남편은 비상 근무로 연일 수해 복구 현장에 투입되었고 남은 가족들도 아이 친구네 가족들과 함께 피해 지역을 찾아 나섰다.

우리가 찾아든 곳은 시장을 끼고 둘러앉은 마을이다. 지대가 좀 낮은 탓도 있지만, 소화불량에 꾸르륵거리던 하수도가 양동이로 들이붓듯 쏟아지는 장대비를 감당하지 못하고 기어이 꾸역꾸역 토악질해대어 아수라장이 되어버린 곳이다.

공무원들이 한 차례 다녀간 뒤라 질서는 대충 잡혔다고 하나 곳곳에는 물에 젖어 못 쓰게 된 가재도구들이 대문 밖에 산처럼 쌓여 있다. 질척이는 골목에 접어드니 종종걸음으로 대문을 드나들며 집 치우기에 여념이 없던 아주머니가 반색을 하신다.

따라나선 아이들은 텔레비전에서 보던 것보다 훨씬 심각한 현실 앞에서 처음에는 무엇부터 해야 할지 엉거주춤 서 있더니 이내 자기들이 할 수 있는 일을 스스로 찾아냈다. 갯벌에서처럼 진흙이 발바닥에 끈적이며 달라붙어 걸음 옮기기가 힘이 들 터인데도 잡동사니들을 열심히 내다 버린다. 그 다음은 방에 호스로 물을 뿌려대며 빗자루로 쓸고 쓰레받기로 물을 퍼내는 일을 제법 진지하게 해낸다.

예로부터 물 있는 곳에 사람 있고, 사람 있는 곳에 물이 있다 하였듯이 사람들은 물과 불가분의 관계로 살아왔다. 물은 그저 높은 곳에서 낮은 곳으로 유유히 흐르는 순한 것으로 보기 십상이다. '수수기지방원隨水器之方圓'이라는 말이 있듯이 어떤 그릇에 담든 그 모양대로 어떤 환경에서도 능히 적응을 하면서도 결코 본성을 잃지 않는다.

물은 흘러내리는 속성을 가졌다지만 어쩌면 솟아오르는 것이 본성인지도 모르겠다. 깊은 산속에서 퐁퐁 솟아나는 옹달샘 물을 보아도 그렇고, 수돗물 이전에 사용하던 우물물을 생각해 보아도 그렇다. 그렇게 제 성깔대로 솟아올라 나름대로 길을 내며 흘러내린다. 그리고 계곡물도 개울물도 끌어들여 내를 만들고 강을 이뤄 바다로 영역을 넓혀 가며 끝없이 순환한다. 스스로를 다스려 가며 가만가만 세상을 지배하고 있는 것이다.

≪시자尸子≫의 군치君治편에 의하면 물에는 인仁, 의義, 용勇, 지智 네 가지 덕이 있다고 했다. 이 땅의 모든 자연물을 깨끗하게 씻어주고 만물을 통하여 흐르게 하는 것을 인仁의 덕목이라 하였다. 맑은 것을 추구하고 탁한 것을 꺼리며 찌꺼기와 더러운 것을 쓸어버리는 것이 의義이다. 부드러우나 범하기 어렵고 약하지만 강한 것을 능히 이기니 용勇이라 하였고, 강으로 흘러 바다로 나아감에 나쁜 것을 포용하고 있으나 그 흐름이 겸손하니 이를 지智의 덕목으로 꼽았다. 이러한 덕목들은 인간 본성과도 상통한다고 볼 수 있다. 물이든 사람이든 순리대로 자연스럽게 길들이고 교육되어야 함을 아울러 가르치는 것이리라.

강원도 한 지역을 완전히 휩쓸었던 물난리는 사람들이 자연의 순리를 거스른 탓이다. 구불구불 자연스레 흐르던 물길을 인간들이 일방적인 편의를 위해 둑을 쌓고, 그 아래 넓은 들과 마을을 만들어 이용하느라 마음대로 물길을 바꾸어 놓은 것이다. 반듯하고 시원스럽게 뚫어 겉모습은 제법 그럴듯해 보이지만 숨 돌릴 겨를도 없는 그 길을 끝없이 흘러야 하는 물은 호시탐탐 일탈만을 꿈꾸었을지도 모른다.

물이 흐르는 속성을 가졌다고 해서 언제나 똑바른 길을 쉼 없이 그렇게 흐르고만 싶었겠는가. 때로는 숨가쁘게 여울을 지나기도 하고 또 때로는 여울목을 지나 한가로이 소沼에 머물면서 쉬고도 싶었을 게다. 구불구불 천천히, 또는 휘돌아 치며 그렇게 흐르고 싶은 마음을 자작자작 눌러 왔는지도 모른다. 그런 물길을 사람들은 끊임없이 너무 멋대로 휘둘러 왔다.

물은 인위적인 그 산물들을 모조리 삼켜 버릴 듯 성을 내며 휩쓸어 덮고야 말았다. 그리고 그 위에 반항하듯 생긴 물길, 그것은 놀랍게도 개발되기 이전에 있었던 원래의 물길, 그것이었단다. 결국 제 길을 찾아 권리를 주장하듯 당당히 흐르고 있더란다.

돌아오는 차 안에서 아이들을 돌아보았다. 혹, 엄마라는 이름으로 아이들의 갈 길을 잘못 건드리는 우를 범하고 있는 것은 아닌지. 아직은 볼 빛이 뽀얗고 투명한 아이들 얼굴에 많은 것을 얻어 가는 듯 마냥 행복한 웃음이 햇살처럼 부서지고 있다. 눅눅했던 내 마음이 덩달아 보송해지고 있다.

6월의 소나기

"짧은 만남 긴 감동! 함께하는 화랑축제"

44개국 1,400여 명이 모인 세계 태권도 대회가 열리는 현장이다. 6월의 산빛 따라 물 만난 생선처럼 펄펄 뛰는 젊고 건장한 선수들의 열기 속에서 홀연히 휠체어 바퀴를 굴리며 입장하는 사람이 있었다.

베트남에서 온 '호앙 반서'라는 45세 된 사람이다. 그는 베트남 응해안 지역에서 전투 중 오른발 부상을 입은 장애인이다. 휠체어를 타고도 의연하게 품새 시범과 주먹 격파를 보여주는 모습은 그 어떤 선수보다도 당당해 보였다. 정상적인 신체를 가진 사람도 운동선수가 되기는 쉽지 않을 터인데 온전하지 못한 몸으로 운동을 하고 또 국제대회에 참여할 수 있기까지는 얼마만큼의 노력과 의지가 필요했을까. 미루어 짐작하는 것조차 조심스럽다.

함께 참석한 또 한 사람 '응오 수어진'이란 분은 60세라 한다. 베트남 하노이 경계지역에서 중국군과 교전 중 지뢰를 밟아 오른쪽 다리를 절단한 장애인으로 창작 품새에 출전하였다. 이들이 장애를 극복하고 당당히 국제무대에 서기까지는 베트남에서 하노이 대표팀을 이끌고 있는 우리나라 태권도 사범의 역할도 컸을 터이지만 그저 단순히 태권도를 통해 장애를 극복했고 태권도가 좋아서 한국을 찾은 것만은 아닐 것이다. 전쟁으로 망가진 몸을 이끌고 지구상에 단 하나 남은 분단국가를 찾아와 전쟁 없는 평화를 기원하며 아직도 끊이지 않은 전쟁의 벽을 주먹으로 산산조각 내는 것으로 할 말을 대신하고 있는 것이리라.

동병상련이라 했던가. 이들이 자기네와 같은 전쟁의 상처를 안고 있는 한국에 와서 저토록 힘겹게 평화를 갈망하는 몸짓을 하고 있는 동안도 지구의 한쪽 이라크 바그다드에는 포연이 점점 더 자욱해져 가고만 있다. 바그다드 서부 팔루자를 중심으로 이라크 저항 세력과 미 해병대의 교전은 더욱더 치열해지고 있다는 소식이다.

민주주의 표상으로 세계의 중심부에 우뚝 자리 잡고 있는 미국과 '악의 축'으로 불리는 이라크의 전쟁은 이미 그들만의 전쟁을 넘어서 온 세계가 전쟁의 소용돌이에 휘말려 몸살을 앓고 있다. 이 전쟁으로 인해 미국은 각 나라에 파병을 요청했고 한국은 파병을 수락했다. 극에 달한 이라크 무장 저항 세력들은 민간인을 납치하여 무자비하게 살해하며 항전을 계속하고 있다.

이라크 주재 한국의 모 기업 김선일 씨도 이라크 자마이크 알 타위드 무장저항단체에 납치되었다. 저들의 요구 조건은, "한국군이 이 땅에서 철군하기를 원한다. 그렇지 않으면 한국인의 머리를 잘라 보내겠다."는 것이었다.

우리 정부는 테러 집단에게는 굴복하지 않을 것이고 파병에도 변함없음을 밝혔다. 그리고 얼마 후 우리에게 돌아온 것은 김선일 씨의 싸늘한 주검이었다. 직접적인 전쟁 당사자도 아니고 목회자를 꿈꾸어온 한 선량한 젊은이가 그렇게 제물이 되고 만 것이다.

6월은 우리에게 늘 슬픈 달이었다. 그리고 이렇게 또 하나의 슬픔을 얹어 놓은 채, 때 이른 장마전선에 접어들고야 말았다. 어제, 오늘 연일 세차게 소나기가 내린다. 여기저기 비 피해 소식들이 들려오더니 급기야 태풍 '디엔무'까지 동반하여 피해는 가중되고 있다. 잠잠히 흐르던 강물이 흙탕물로 소용돌이치며 곡을 하듯 콸콸 꺾쉰 소리를 낸다.

"난 죽고 싶지 않다. 살고 싶다. 당신 목숨이 중요한 것처럼 내 인생도 중요하다. 내가 이곳에서 나갈 수 있도록 도와 달라."

고故 김선일 씨의 마지막 절규가 여울지는 강물 속에서 회오리를 친다.

베트남에서 한국을 찾아온 그 장애인도 온몸이 땀에 흠뻑 젖도록 무언의 절규를 남기고 휠체어 바퀴를 굴리며 그렇게 되돌아갔다.

얼굴

"Face & Face." 분명 얼굴이다. 무수한 군상들의 특이하고 재미있는 얼굴을 마주하고 섰다. 진천 군립 생거판화미술관에서 전시되고 있는 '정장직전展'을 보고 있다. '행운을 부르는 픽토그램' 형태의 얼굴 작품전이다.

픽토그램이라는 단어가 생소하다. 그림(picture)과 전보(telegram)의 합성어로 사물, 개념 등의 내용을 쉽고 빠르게 이해할 수 있도록 상징화한 그림문자를 말하는 것이란다. 누구에게나 쉽게 눈에 들어와 금방 이해할 수 있게 하는 장점을 활용한 것이다.

작가에 의하면, 행운을 부르는 픽토그램은 주역의 64괘를 모티프로, 사람의 얼굴을 상징화하여 복잡한 인간 내면의 심상을 단순하게 표현한 것이라 한다. 주역의 괘卦를 활용했다는 말을 들어서인지 동양적인 이미지와 친근함이 와 닿는다.

얼굴 하나하나에 독특함이 있지만 전체의 조합을 어떻게 하느냐에 따라, 또 색감이 주는 이미지에 따라 작품의 분위기가 많이 달라 보인다. 같은 조합 안에서도 배열에 의해 격이 달리 느껴진다. 살아있는 인간 집단에서도 리더에 따라, 운영의 묘에 따라 집단의 품격이 달라지는 것과 마찬가지이다.

얼굴을 표현한 기법이 생소하면서도 처음엔 퍽 낯설게 느껴졌는데 작품 각각의 표정들을 가만히 들여다보고 있으려니 왠지 슬며시 웃음이 머금어진다. 표정 속에서 하회탈 같은 익살과 해학이 느껴진다. 아이들이 좋아할 만한 천진무구함도 엿보인다.

매일 아침 눈을 뜨고 처음 대하는 것이 얼굴이다. 가까이는 나로부터 남편, 아들의 얼굴을 대하는 것으로 하루가 열린다. 텔레비전을 켜도 누군가의 얼굴이 먼저 화면에 등장하니 삶의 시작점은 얼굴의 대면이 아닌가 싶다.

사람의 얼굴이란 참으로 오묘하다. 두 손으로 가릴 수 있을 정도의 크기 안에서 이목구비가 일정하게 배열되어 있는 얼굴이 어쩌면 이리 다 제각각 다를 수 있을까. 모양과 표정에서 똑같은 게 하나도 없다. 유전자가 다른 사람끼리는 그렇다 치더라도 일란성 쌍둥이조차 다르다.

사람이 존재하기 시작한 이래 지구촌 수십억 인구가 모두 다 다르다. 아무리 신의 조화로 여겨도 신비하기 짝이 없다.

눈에 보이지 않을 만큼의 미세한 차이로 달리 보이는 것도 있지만, 다양한 양상을 표현해 내는 것은 결코 외양에서만 비롯되는 것이 아닌 듯하다.

얼굴은 곧 그 사람의 삶이다. 어떻게 살아왔느냐를 알 수 있는 바로미터다. 얼굴에 나타나는 표정에 따라 사람이 달라 보이는 것이고 표정은 내면의 모습이 겉으로 드러난 것이 아닌가.

결국 사람의 얼굴이란 인간 내면의 모습, 진정 사람다운 사람의 품격이 갖춰졌을 때 가장 아름답게 느껴지지 않을까 싶다. Face & Face 작품 중 나의 모습은 어느 표정에 가까울까 가늠해 보면서 나를 돌아볼 일이다.

3부

가을 손님

이제 막 처서가 지났다. 따가운 햇볕이 누그러져서 더이상 풀도 자라지 않고 여름 장마에 눅눅했던 옷가지며 이불과 책들을 포쇄해도 좋을 때다. "처서가 지나면 모기도 입이 비뚤어진다."는 말이 있는데 모기 입은 아직도 그대로인가 보다. 아니, 어쩌면 입이 비뚤어졌기 때문에 오히려 더 그악스럽게 달려드는 것인지 모기 극성은 수그러들지를 않는다.

늦더위는 무엇에 연연하여 미련을 버리지 못하고 끈끈하게 매달려서 눈치를 먹고 있는지 측은하다. 눌어붙은 여름 찌꺼기를 박박 문질러 닦고 있으려니 어느 틈에 어디로 들어왔는지 귀뚜라미 한 마리가 눈앞에서 통통 튀어 지나간다. 파리채를 집어 들고 탁, 내리치려다 그만두었다. 나도 미처 느끼지 못한 이 가을, 절기 맞춰 찾아온 첫 손님인 까닭이다. 시절이야 어찌

되었든 제구실을 다하기 위해 처서가 지나기 무섭게 이렇게 찾아왔구나 싶어 반갑고 신통하다.

귀뚜라미는 겨우 한해살이 일생인데 일곱 달이나 땅속의 어둠을 견뎌내고 늦은 봄 애벌레로 깨어난다. 그 연약한 몸을 무려 일곱 번이나 껍질을 벗고 벗으며 몸 다듬기를 거친다고 하니 어디 그 일생이 그리 호락호락하다 하겠는가. 그럼에도 이 저녁에 살그머니 다가와 가을 문지방을 넘고 있는 것을 보니 문득 가련하게 느껴진다. 이 녀석 자신은 과연 얼마만 한 삶의 가치를 느끼고 있을까 하는 생각이 든다.

귀뚜라미가 내는 소리는 수컷이 자기 짝을 찾기 위해 암컷을 향해 사랑을 구하는 노래라고 한다. 무리 중에 우렁차게 우는 수컷을 소리꾼이라 하고, 소리꾼 주변에 모여 사는 수컷을 들러리꾼이라는 말을 들은 적이 있다. 곤충의 세계에서도 들러리꾼이 있다는 게 웃음이 나온다. 삶이라는 것이 어느 무리이건 그렇게 저마다 주어진 역할이 있을진대 사람만이 유독 불만을 품고 으르렁대며 서로 상처를 입히고 있는 것은 아닌지 돌아볼 일이다.

귀뚜라미는 보통 한 마리가 한밤중에 4시간 반 동안 96데시벨 정도의 똑같은 소리를 40,000번쯤 반복해서 낸다고 한다. 가정생활 소음이 40데시벨 정도로 볼 때 이는 노래라기보다 고된 노동이라 할 수 있다.

인종마다 언어가 다르고 지역마다 사투리가 있는 것처럼 귀뚜라미 소리도 종류마다 지역마다 다르다고 한다. 한 마리가 노래하면 모두 같이 따라 하는데 사람들은 그 소리를 듣고 가을 정취와 낭만을 느낀다. 귀뚜라미 사회에서는 그 소리를 듣고 마음이 끌리는 녀석이 찾아와 짝을 이루기도 한다. 그러나 노동에 가까울 만큼 혼신을 다하여 노래하면서도 정작 소리를 내는 그 자신은 자기의 소리를 듣지 못하기 때문에 아무런 감흥을 느끼지 못한다고 한다. 섬돌 위 귀뚜라미 그 소리가 애잔하게 느껴지는 것은 그 때문인가 보다.

어쩌면 욕심 많은 사람의 잣대로 보아 애처로움을 느끼고 있는 것인지도 모른다. 그들의 세계에서는 아무런 문제도 없이 자연스러운 삶의 흐름으로 받아들이고 있는지도 모른다. 소리꾼이 되어서든 들러리꾼이 되어서든 목청껏 소리를 내어 제 몫을 다하는 것으로 만족해하면서 그것이 바로 행복한 생임을 이미 알고 있는지도 모를 일이다.

지금 우리는 물질적으로 풍요롭고 편리한 시대를 살고 있다. 그런 한편에서는 주어진 생을 온전히 살지 못하고 스스로 목숨을 끊는 경우를 종종 본다. 자신뿐만 아니라 자식들의 목숨까지 동반하여…….

불과 1960년대까지만 해도 그저 단순히 배부르고 등 따습기만 하면 더없이 만족한 웃음을 지을 수 있었다. 그러던 것이 점점 굵어져 가는 허리통과 비례하여 그토록 험악한 일이 자행되는 비율이 높아지고 있는 것은 물질 만능 속에서 느끼는 상대적 빈곤이 크기 때문일 것이다. 아니면 모두가 주인공이 되고 싶어 할 뿐 자신이 들러리꾼이 된다는 것을 인정하고 싶지 않은 연유에서라고 볼 수도 있다.

밤새 혼신을 다하는 귀뚜라미 소리는 비록 들러리꾼의 삶일지라도 자신의 처지를 비관하기보다는 주어진 입장을 잘 받아들이는 순명의 소리다. 나름대로 최선을 다해 살아가는 과정에서 행복을 발견할 수 있다는 메시지를 전하기 위한 몸짓, 바로 그런 것이 아닐까.

행복한 삶이란 자신이 만들어가는 것임을 느끼며 듣는 이 밤, 귀뚜라미 소리는 더이상 애처로움이 아니다. 넉넉하고 풍요로운 가을밤, 그윽하게 울려 퍼지는 바이올린의 선율로 가슴을 울려온다.

흙살의 심성

업무차 현장을 찾아 나선 길이 온통 가을을 만끽할 수 있는 기회가 되었다. 드맑은 하늘, 밝고 따사로운 햇살, 서서히 갈빛으로 물들어가는 산능선, 가을걷이 끝나가는 풍경이 살아 움직이는 한 폭의 그림으로 와 안긴다.

며칠 새 누렇게 나락 익어가던 들녘이 휑해졌다. 벼 그루터기 사이로 얼핏얼핏 흙살이 드러나고 있다. 혼신으로 땅심을 밀어 올려 알곡을 키워내고 난 빈터다. 몇 남은 이삭조차 참새들을 그러모아 나눠주고 있는 모습이 눈에 들어온다. "가을걷이 끝난 들녘을 바라보면 쓸쓸하다." 하시던 어머니의 모습이 그대로 빈 들이 되어 서 있다.

나락을 익히기 위해 그 따가운 햇살을 온몸으로 받아내느라 벌개진 낯빛을 대할 때에도, 알곡 다 내준 것도 모자라 볏짚,

검불조차 마저 내어주는 너른 품을 보면 영락없는 어머니의 형상이다. 속없이 희생만 하던 삶, 바보 같아 보이는 삶을 살아온 빈들에서 쓸쓸함보다는 오히려 넉넉하고 평온함이 느껴지는 건 그 때문인가 보다.

모처럼 논둑길로 들어섰다. 구불구불 주름 같던 논둑길이 하나둘 뽀얗게 시멘트로 포장한 채 기다리고 있다. 보톡스를 맞은 듯 주름 펴진 길이 넓고 번드르르하다. 마을 안 고샅은 물론이고, 바깥마당, 안마당까지 흙으로 된 곳은 죄다 포장을 못해 안달이 난 듯 시멘트를 들이붓고 있다. 반들반들 다져진 흙마당도 없어지고 그 마당에서 뛰어놀 아이는 다 어디 있는지. 일주일째 현장을 돌아다녀도 마을이나 들판에서 뛰노는 아이들은 한 명도 만나지 못했다. 자연의 이치가 자꾸 어그러지고 있다는 느낌이다.

하늘에서 직접 내리쬐는 햇볕과 비를 맞으며, 불어오는 바람과 함께 자라야 할 농작물도 점점 비닐하우스의 비호 아래 몸을 기댄다. 그 속에서라야 제맛을 내고, 상품의 가치가 있다 하여 농토 역시 하얗게 비닐을 뒤집어쓰고 야금야금 그 면적을 넓혀가고 있다.

나는 들판에 늘어나는 비닐하우스만 보면 답답증이 일어나는데 죽을힘으로 농사짓는 사람들에게는 그나마 이상기온에서 소득을 올릴 수 있는 것이 비닐하우스 덕분이란다. 기상이변 때문에 비닐하우스가 필요한 것인지, 하우스 때문에 자꾸 이상기온이 되는 것인지.

시골 구석구석 어지간한 농로도 거의 다 시멘트로 포장이 되었다. 정겨웠던 황톳길, 자연 그대로의 모습이 대부분 사라졌음이 피부에 와 닿는다. 같이 현장을 나간 동료 몇몇은 시멘트 속에 묻혀 버린 그 속에서 어릴 적 기억을 끄집어내며 한마디씩 한다. 소 풀 뜯기러 나왔다가 고삐 풀어놓고 친구들과 해찰 떨던 일, 메뚜기 잡던 일, 미꾸라지, 새뱅이 잡던 추억 등……. 잠시 천진함과 티 없이 맑은 청량함을 느낀다. 인공적인 편리도 좋지만 사람은 역시 자연과 더불어 하나가 될 때 가장 순수해지지 않나 싶다.

흙을 덮지 못해 안달이 난 곳이 또 하나 있다. 바로 학교 운동장이다. 한창 흙에서 뛰어놀아야 할 초등학생들의 운동장을 인조 잔디와 우레탄으로 씌워 달라는 요청이다. 모든 길이 포장되어 학생들이 흙을 밟을 수 있는 공간은 겨우 학교 운동장뿐인데 이곳마저 도포해 달라니 참으로 딱한 노릇이다. 굳이 운동장에 잔디를 깔아야 한다면 천연잔디를 권해 보지만, 이는 유지 관리가 어렵다는 이유로 꺼린다.

인조 잔디에 대한 시각은 지역에 따라 다양하다. 먼저 시작한 곳에서는 5~6년이 지나는 동안 그 폐해가 속출함에 따라 전면 중단하기에 이르렀다. 결국 한참을 돌아 다시 흙 운동장으로의 회귀 현상이 일어나고 있는데 아직도 일부에서는 여전히 인조 잔디 운동장을 선호하고 있다. 학교 운동장이 아이들을 위한 것보다는 어른 편의주의 행정이 되고 있다.

쉬는 시간이나 점심시간, 또는 학교가 파한 후 삼삼오오 운동장에 철퍼덕 주저앉아 공기놀이, 땅따먹기 하던 추억은 고사하고, 흙을 만질 기회도 공간도 갖지 못하는 아이들이 어찌 그 보드라운 흙살의 심성을 알고 닮아갈 수 있겠는가.

사람의 심성과 기질은 각기 태어난 곳의 기후와 풍토를 닮기 마련이다. 흙길이며 흙마당이 온통 시멘트와 아스콘으로 포장되어 가는 현상을 보면서 자칫 우리의 마음속까지 삭막해지는 게 아닌가 싶다.

그래도 한 가닥 희망은 아직 우리에겐 아름다운 가을이 있다는 것이다. 곱게 물들어가는 가을 녘에서 건져 올릴 정겨움과 그리움을 담을 수 있는 여백이 넉넉하다는 것이다.

감나무에 걸린 노을

요즈음 눈이 호사를 한다. 산등성이로부터 흘러내리는 단풍이 점점 노을빛으로 물들어가는 모습을 한눈에 담을 수 있기 때문이다. 자고 나서면 들녘의 갈빛이 한 움큼 손에 잡힐 듯 가깝게 다가와 있다. 통통하게 여문 나락은 보는 것만으로도 마음을 그득 차오르게 하더니 며칠 사이 들녘이 훤해졌다. 추수가 거의 끝나가는 게다.

어깨 위로 내리쬐는 가을 햇살을 받으며 밭자락 한켠에서 바싹 마른 들깻단을 두들겨 터는 늙은 부부의 모습이 평화롭다. 마지막 가을걷이하는 들녘을 에두른 산들 역시 하루가 다르게 뭉싯뭉싯 단풍을 토해내고 있다. 알곡을 여물리던 가을볕이 이제 눈을 돌려 산등성이를 오르고 있음이다. 이 계절의 축복이다.

나는 지금 축복 같은 이 가을 속을 누비고 있다. 농촌 현장을 돌아다니는 동안 부모님을 도와 가을걷이 나선 아이들은 볼 수가 없다. 일손을 거들러 나왔다가 일은 뒷전이고 메뚜기를 잡는다고 이리 뛰고 저리 뛰던 동료만이 머리가 허옇게 센 채, 구불구불 이어지는 논두렁 밭두렁을 따라 어린 시절 추억을 되새김질하고 있을 뿐이다.

내가 태어나서 자란 마을에 다다랐다. 고향은 예전의 형태와 많이 달라진 채, 적막이 감돈다. 마을 복판에 있던 우리 집 역시 예전의 모습이 아니다. 뒷마당에 훌쩍 자란 감나무엔 빠알간 감이 주렁주렁 매달려 있지만 휘늘어진 가지는 울 너머로 낯선 손님 바라보듯 내다보고만 있다. 오랫동안 몸도 마음도 동네를 떠나 있었음이 확연히 느껴진다.

앞마당에 있던 감나무 두 그루는 이미 베어지고 없다. 마당가 우물 역시 사라졌고, 우물 덮은 나무 덮개 위로 떨어진 홍시를 횡재한 기분으로 주워 먹던 달콤한 기억조차 까무룩하다. 앞마당 가의 감나무는 내가 종종 오르던 나무였다. 나무에 오르던 것은 단순히 홍시를 따기 위한 것만은 아니었던 듯하다. 먹는 것을 그다지 즐기지도 않았는데 굳이 나무에 올랐던 것은 오르고 싶은 그 자체를 즐기기 위함이었는지도 모르겠다.

감나무에 올라서면 멀리 들녘이 보이고 온 동네가 훤히 내려다보여 골목을 오가는 사람들이 그림처럼 한눈에 들어왔다. 그런데 아버지가 동네 어귀로 들어서는 것이 보이면 쏜살같이 내려와야 했다. 감나무에 올라간 것을 아시면 크게 꾸지람을 내리기 때문이다. 감나무는 다른 나무보다 부러지기 쉬워 딸자식이 행여 다칠까 염려하셨던 거다. 감 따는 일이 아버지의 몫이었던 것도 위험한 일 중의 하나였기 때문이었던가 보다.

그 무렵은 집집이 두세 그루씩 되는 감나무에 주홍빛 풍요가 흥청댔고, 어둑새벽에 된서리 맞은 밭두둑을 헤치며 홍시를 주우러 다니던 일도 아이들에게는 왁자글한 일상이었다.

아버지는 유난히 홍시를 좋아하셨다.

"빨갛게 감이 익기 시작하면 병원의 환자가 줄어든다는 말이 있느니라."

하시며 홍시를 예찬하던 말씀이 아슴푸레하다. 실제로 감은 오행 중 수水에 해당하는 것으로 신장과 방광에 작용하는 기운인 동시에 한寒과 열熱의 균형을 잡아주는 음식이다.

오늘은 서리가 내린다는 상강이다. 찬 기온에 주홍빛 감이 윤기가 돌아 탐스러운데 동네에는 감 따는 사람들이 보이지 않는다. 대부분 노인들이 동네를 지키며 살고 있어 감을 딸 만한 사람이 없는 것이다. 애써 감을 따서 침을 담가도 아삭아삭 깨물어 먹을 아이도 젊은이도 없다. 곶감을 켜 꼬들꼬들 말려 보관한들, 홍시를 안쳐 놓은들, 겨우내 먹어줄 사람이 없다.

모처럼 찾은 고향마을, 감나무 숫자도 예전만 못하고 그나마 마을을 지키고 있는 감나무는 그저 한 폭의 가을 풍경화처럼 덩그러니 푸른 하늘을 이고 서 있을 뿐이다. 따는 이 없어도 휘늘어지게 열매를 매단 감나무, 제멋에 겨워 일렁이는 감나무 가지에 노을이 애잔하게 걸려 있다.

품격있는 밥상

아름다운 봄날을 정신없이 지나쳤다. 모처럼 한가로운 마음이 들어 둘러보니 여리게 돋아나던 이파리들이 성큼 자라 숲을 이루고 있다. 성하의 녹음을 걸치고 성숙한 모습으로 서 있는 6월을 본다.

오전 커피 한 잔을 마시다 마음 편히 지내던 지인에게 전화를 걸었더니 금방 몇몇이 모여 점심을 함께하는 자리가 됐다. 대단한 한정식은 아니지만 황태구이 돌솥 밥상이 정갈하게 펼쳐진다.

보시기에 담겨 있는 김치를 비롯해 크고 작은 접시에 나물류와 샐러드, 장아찌가 들어앉아 있다. 적당하게 양념이 배인 황태구이는 큼지막한 타원형 접시에 점잖게 자리했고, 장떡과 그 옆에 앙증맞은 간장종지도 단단히 한몫을 한다.

오늘의 메뉴가 돌솥밥 정식인 관계로 밥주발 놓일 자리에 자그마한 돌솥이, 국 대접 대신 청국장 투가리가 가운데 자리를 차지하면서 한 상 가득 밥상이 차려졌다.

한국인의 밥상은 품격이 있다. 그 품격은 귀한 음식이 많이 차려져서가 아니라, 음식 특성에 맞는 그릇에 제대로 들어앉아 역할을 할 수 있도록 배치되어 있어서이다.

내가 결혼할 당시만 해도 여자의 혼수품으로 으레 반상기가 있었다. 반상기는 반찬을 담는 쟁첩의 수에 따라 5첩, 7첩, 9첩, 12첩 반상이 있다. 반상기를 보면 주발, 대접, 보시기, 접시, 종지 등 그릇의 모양과 크기가 각각 다른데 이는 그 쓰임새가 다른 것이다.

사회생활을 하다 보면 귀한 손님을 대접하고 싶을 때 한정식 집을 찾는 경우가 종종 있다. 격을 갖춰 접대하려는 심성에서이다.

아무리 고급 뷔페식당이라 해도 국이나 수프 그릇을 제외하면 음식 담는 그릇은 모두 접시다. 커다란 접시에 밥도, 찜도, 야채나 고기도, 하다못해 고추장, 간장까지 한 접시에 다 올려 먹는다.

뷔페 음식들은 모두 제 담길 자리가 큰 접시인 줄 알고 있다. 큰 접시에 담겨야 행세를 하는 줄 아는 모양이다. 하나하나 품목이야 격이 있는 음식이지만 이것저것 한 접시에 그득 담아 앞에 놓고 보면 가관이다.

접시 하나에 품위 있게 담는다고 담아봐야 잡탕이다. 잡탕 음식은 왠지 음미하며 즐긴다는 표현보다는 우적우적 입속으로 구겨 넣는다는 표현과 더 어울릴 듯하다.

뷔페 음식이 시골에 처음 등장할 무렵이다. 어느 잔칫집에서 아마도 현대식으로 뷔페를 마련했던 모양이다. 아버지의 표현을 빌리자면

"천하에 상스런 음식이다. 어디 저 밥 먹겠다고 줄을 서서 제 밥그릇을 챙기느냐?"

하며 그냥 굶고 오셨다. 끝내 아버지는 뷔페 음식 한 번 안 드시고 먼 나라로 가셨지만, 지금 살아 계셨어도 뷔페 접시 앞에 놓으면 냉큼 수저를 들지 않으실 것 같다.

치열한 공방을 거쳐 지방선거가 모두 끝났다. 선거전을 보면 뷔페식당을 방불케 한다. 모두 좋은 음식들 같아 보여 어느 것을 먹어야 할지 골라 담느라 고심을 하긴 했는데 접시 가득 쌓인 음식은 잡탕이다. 실컷 먹고도 대접 잘 받았다는 기분보다는 그저 뱃속을 채운 느낌이다. 품격 있는 밥상과는 거리가 멀다.

유권자가 정치인들에게 갖는 마음도 이와 비슷하리라. 선거전에 나온 사람들은 모두 큰 접시가 제 담길 그릇인 양 아우성치며 올라앉으려 야단이다. 그러나 자신의 질과 그릇 크기를 가늠해 볼 일이다. 여러 후보자들은 어느 면에선 두각을 나타내는 사람들이겠지만 모두 큰 그릇에 담길 일은 아니다.

로브스터가 큰 접시에 어울리듯, 고추장, 된장은 종지가 어울린다. 종지에 담길 음식이라도 가치가 낮은 건 결코 아니다. 오히려 종지 안의 음식이야말로 음식의 기본 아닌가. 그릇에 어울려야 모양새가 있다.

품격 있는 한국인의 밥상이 그러하듯 사람이든 물건이든 각자 자신의 역할에 맞는 그릇에 담겨 쓰임새 있게 쓰일 때 비로소 품격이 살아나는 게 아닐까. 밥상을 대할 때마다 나를 돌아볼 일이다.

안경

요즈음 들어 수시로 챙기는 물건이 하나 생겼다. 안경이다. 언제부턴가 시야가 뿌옇게 보이기 시작했다. 맨 눈으로는 신문이나 컴퓨터를 제대로 읽어내기가 어렵다. 때때로 글씨가 이중으로 겹쳐 보이고, 잔글씨를 대하면 귀찮아 아예 덮기도 한다. 조금 거리가 떨어져 있으면 사람을 확실히 구별을 못하고 난감한 경우를 종종 겪기도 한다.

세상의 때를 잔뜩 묻히고 나이 듦 탓인가. 시력만 떨어진 것이 아니고 총기도 많이 떨어지고 있음을 느낀다. 툭하면 잊어버리기 일쑤고, 판단이 빨리 잘 되지 않을 때가 많다. 행동도 굼뜨다. 컴퓨터 자판 두드리는 것이야 몸에 익어서 덜하지만 정보를 검색하는 것은 젊은이들보다 훨씬 더디고 어둡다.

어느 날 아들로부터 마우스를 붙들고 뭘 그리 생각하느냐는

놀림을 받았다. 그냥 컴퓨터를 하고 있다고 생각했는데 나도 모르게 모니터에 얼굴을 바싹 들이대고 마우스를 한참씩 그냥 잡고 있었던 모양이다. 시력과 민첩성이 떨어진 데에서 오는 현상이다.

그 뒤로 필요에 따라 안경을 착용한다. 멀리 있는 것을 볼 때와 가까이 있는 것을 볼 때, 요구되는 양상과 목적이 다르기 때문에 안경도 각각 몇 종류가 된다.

선글라스는 안하무인이다. 원래 제가 지니고 있는 제 색깔로만 세상을 보고 판단한다. 속내를 가무린 채, 편견과 오류를 범하기 십상이다. 돋보기는 책을 읽거나 컴퓨터를 할 때 필요하다. 눈앞의 것들은 크고 선명하게 잘 보이지만 고개를 들어 먼 곳으로 시선을 주면 외려 더 흐릿하다. 안 쓰니만 못할 때가 있다.

할머니, 할아버지들이 안경을 코끝에 걸치고 그 너머로 넘겨다보던 모습이 떠오른다. 우스운 모양새가 이해가 가지 않았었는데 그 현상이 내게 일어나고 있다. 그럴 때마다 아들이 질색을 한다. 할머니 같다고…….

안경을 상시 착용해 보려고 다초점렌즈를 맞춰 써 보았다. 눈앞이 훤하다. 먼 경치가 더 가까이 선명하게 다가와 안기는 느낌이다. 특히 운전할 때는 앞이 밝고 시원해서 좋다. 화장품으로 곱게 치장한 얼굴의 잡티도 여지없이 잡힌다. 세상의 티끌까지 말끔히 잡아낼 듯이 도도한 품새는 예나 지금이 똑

같다.

당당하고 똑똑한 모범생 같아 보이는 그 멋에 반해 학창 시절 한때 나도 눈이 좀 나빴으면 좋겠다는 생각을 하며 안경 쓴 친구를 부러워한 적도 있었다. 안경을 쓰니 흐릿흐릿 자신 없던 세상 보기에 조금 생기가 돈다. 찡그려 붙던 눈초리가 순하게 내려앉는다. 세상이 제대로 보이는 것이다.

≪논어≫의 위정편에서 공자는 나이 예순을 이순耳順이라 했다. 이순은 귀가 순해진다는 뜻이다. 귀가 순해진다 함은 어떤 일을 들으면 곧 이해가 된다는 경지를 이르는 말이다. 세상을, 삶의 이치를 올바로 보고 들을 수 있는 혜안의 트임이다.

점점 어둑해지는 시야에 대응해서 돋보기에, 다초점렌즈의 안경까지 동원하여 세상을 본다. 인위적인 도구가 어찌 심안의 세상 보기와 같이 깊고 맑게 보일까만, 겉이라도 훤히 볼 수 있으니 자꾸 안경을 찾게 된다.

그러나 안경이란 불편하기 짝이 없는 물건이다. 콧등이 눌리고 건방지게 남의 귀에 다리를 척 걸치고 있는 안경다리는 신경이 쓰이고 머리를 아프게 할 때가 많다. 때때로 눈 감아 줘도 될 일까지 사사건건 끄집어내어 평지풍파를 일으키기도 한다. 그럴 때면 얼른 벗어서 안경집에 넣어 버린다.

안경을 쓰고 바라보듯 밝고 투명하게 세상을 바로 보고, 또 때로는 안경을 벗어들고 무던하게 덮어주는 마음의 여유도 있어야겠다. 이 둘의 조화로움이야말로 진정 세상을 밝히는 혜안이지 않을까.

신발, 그 존재의 의미

출근할 일터가 없어지니 일상의 생활 패턴이 달라진다. 가벼운 마음으로 외출을 하려고 옷장을 열었다. 선뜻 손이 가는 옷이 잡히질 않는다. 외출복 위주의 정장 형태가 대부분이다. 신발도 마찬가지이다. 단화보다 7㎝ 높이 구두를 선호해 왔다. 스커트 정장에 더 잘 어울리고 몸맵시가 나기 때문이다. 그뿐이랴. 하이힐은 여성들만의 자존심이기도 하지 않는가.

팽팽한 긴장감을 갖고 걷는 걸음은 어느 정도 삶의 활력이 되기도 한다. 치열한 삶의 현장에서 발이 겪을 시련은 슬그머니 외면을 해 왔다. 내가 행보할 때마다 가장 먼저 길을 잡고 나서온 발은, 온전히 바닥을 편히 딛고 지낸 날이 드물다. 늘 충직한 하인처럼 어떤 신발을 들이대든지 묵묵히 받아들여 준 것이 습관이 되어서 그를 위한 배려는 염두에 두지 않았다.

신발, 그 존재의 이유는 발을 위한 것이 아니었나. 그럼에도 불구하고 나는 발의 사정보다는 한 치라도 더 높게 나를 곧추 세우기 위해 옥죄는 생활을 강요해 온 셈이다. 발에 맞는 신을 고른 것이 아니라, 먼저 세련되고 보기 좋은 형태를 고르고 그 틀에 맞게 발을 길들여 왔던 거다. 평지를 딛게 되어 있는 운명을 반쯤은 바닥에 닿지도 못하게 꺾어 세우고 보필하라 했다.

기껏 한 뼘 남짓 크기로, 내 온몸을 지탱해 주기에도 버거웠을 터인데 아랑곳하지 않았다. 발은 나를 떠받들어 주기 위한 존재로 여기고 머슴처럼 부려 왔던 것이다. 그래도 저녁이면 꺾여 있던 몸을 펴며 본래의 제 모습으로 돌아오니 퍽 무던한 편이다. 어느덧 60년 세월을 함께했다.

모처럼 편안해 보이는 신발을 한 켤레 샀다. 순전히 발을 위한 것이다. 운동화와 구두의 중간 형태의 모습을 하고 있다. 기능성 신발이라며 가격도 제법 높다. 어떠한 기능을 가지고 있는지는 잘 모르겠지만 평생 군소리 없이 나를 모셔온 발이 편할 것이라 하지 않는가.

이제 쉬엄쉬엄 함께 가자 싶다. 고단한 하루를 뉘일 때면 꾹꾹 주물러 수고로움을 위로도 해 주리라.

높은 굽을 내리고 길을 나서 본다. 편안하다. 마음까지 느긋해진다. 그동안은 남에게 보여주기 위한 부분만을 신경 쓰느라 보이지 않는 곳에서 나를 지탱해 준 것들에 대한 그 존재가치를 의식하지 못하고 살아왔던 것이다.

가장 낮은 바닥에서 주인이 바로 설 수 있도록 온몸으로 그 주인을 받들어 온 것이 발이다. 남의 눈에 띄지도 않고, 폼나게 나설 형편도 못되었다. 힘들어도 대놓고 땀 한번 흘리지 못하고, 안으로 삭이며 굳은살로 견뎌내고 있었던 거다. 얼마나 힘이 들었으면 뚝살이 된 뒤꿈치가 견디다 못해 쩍쩍 갈라지기까지 했을까.

가장 중요한 역할을 하면서도 낮게 엎드려 있는 발을 본다. 만년 조연인 삶이었다. 그가 마음 편안하게 들어앉을 집 하나 마련해 주며 속엣말을 뇌어본다.

"그동안 고생 많이 했네."

신발은 진정 그대를 위해 존재하는 것이니, 이제부터 그대가 진짜 신의 주인이다.

행복 자리

10월. 사람 살기 딱 좋은 달이다. 유난히 뜨겁고 목마르던 여름을 무던히 견뎌낸 과실들이 넉넉함을 안겨준다. 시퍼런 독기를 품고 있던 나뭇잎에 발그레 온기가 돈다. 산녘이 순해지고 있다. 아침저녁으로 불어오는 삽상한 바람이 달게 와닿는다.

남편의 초등학교 동창 몇몇과 부부동반으로 비행기에 올랐다. 6시간 넘어 도착한 싱가포르의 '창이' 공항은 다시 한여름으로 날씨를 돌려세우려는 듯 후끈한 열기로 맞는다. 겨우 벗어난 무더위에 스스로 고개를 디밀고 들어선 여행이니 감내할 일이다.

국립 오키드 가든으로 향했다. 140여 년 역사를 자랑하는 보타닉 공원 내에 위치해 있는 식물원이다. 집안에서 화분으로만 보았던 열대 식물들이 제 세상을 만난 것처럼 자연 속에서 생기롭게 살아가고 있다. 사람이나 식물이나 역시 저에게 맞는 환경이 최고의 행복 자리가 아닌가 싶다.

한 나무에 서로 다른 십수 종의 식물들이 둥지를 틀고 살아가고 있는 모습이 눈에 들어온다. 커다란 나무줄기 중간, 중간 화분인 양 화초들이 들앉아 있는 것이다. 신기하여 스마트폰을 들이댔다. 주인이든, 날아들어 터 잡은 나그네든 아무렇지 않게 넌출넌출 각자의 잎을 늘이며 천연덕스럽게 살아간다. 그 행태가 전혀 불편해 보이지 않는다. 같이 살아가는 것이 뭐 어떠냐는 듯 정겨워 보이기까지 하다. 그런 광경이 한둘이 아니다. 여기서는 일상인가 보다. 신기하게 바라보는 내가 외려 머쓱해진다.

우리나라에서는 쉽게 볼 수 있는 풍경이 아니다. 가끔씩 남의 몸에 붙어 살아가는 식물을 보기는 했다. '겨우살이'란 이름을 갖고 있는 물성이다. 그들은 둥지를 튼 나무의 수액을 빨아먹으며 살아가기에 언젠가는 모체를 고사시키게 된다. 기생寄生식물인 셈이다. 내가 알기로는 남의 몸에 붙어사는 식물들은 대다수가 그랬다. 네 집 내 집 따지고 않고 마음을 내주며 공생하고 있는 보타닉 공원의 저 자유로운 식물들의 삶에서 여유를 느낀다.

싱가포르는 역시 식물들의 천국이다. 아무데서나 잘 자랄 수 있는 천혜의 조건을 가졌다. 비록 남의 몸에 둥지를 틀었다

해도 그에게 피해를 주지 않고도 살아갈 수 있기 때문에 서로 어우러져 평화로움을 유지하고 있는 건지도 모른다.

싱가포르 지도 모양으로 조성된 국화國花단지에 이르렀다. 국화인 양란이 한창 화려한 모습을 드러내고 있다. 10월 중순, 꽃을 피우는 시기와 여행 날짜가 용케 맞아떨어져 아름다움을 만끽할 수 있었다.

아름답지만 국화로서 깊은 역사성이 보이지 않는다. 뿌리가 깊지도 않다. 가이드의 말에 의하면 1893년 반다미스 조아킴 여사가 발견한 자연교배종 난으로부터 비롯됐다 한다. 2미터 정도 돼 보이는 인공 기둥에 나름대로 뿌리를 붙이고, 여럿이 서로 얽히고설켜 하나의 몸체를 단단하게 유지해 나가고 있다. 공기 중에서 수분과 양분을 얻을 수 있기 때문에 땅에 뿌리를 내리지 않고도 살아갈 수가 있다는 것이다. 국화는 그 나라를 상징하는 꽃이다. 싱가포르의 국화를 바라보고 있자니 어쩌면 이리도 자기 나라 삶의 특색과 절묘하게 닮아 있는지 새삼 놀랍다.

지금도 끊임없이 신품종을 개발하며 국빈급 인사들이 방문할 때마다 그 이름을 따서 난의 이름을 칭한다. 엘리자베스여왕, 만델라를 비롯해 노무현, 반기문, 배용준 난도 있다고 한다. 지극히 현실적인 국민성이 엿보인다. 그들의 개방된 품성이, 뿌리의 정서를 중시하는 우리네의 정서와는 많이 다름을 느낀다.

싱가포르는 말레이반도 남쪽 끝에 위치한 작은 국가이다. 서울보다 조금 넓은 면적에 특별한 자원 없이 활발한 국제 교역에 의해 성장을 해가고 있다. 동서양의 다양한 인종과 문화를 스스럼없이 받아들이면서 다문화가 공존한다. 50년을 내다보고 무역과 관광을 위해 철저하게 계획된 도시국가답게 법과 질서 앞에선 누구든 예외가 없다.

깨끗하고 절제된 도회풍과 식물의 천국이라 불릴 정도의 자연 친화적인 열대우림의 적절한 조화는 '가든스 바이더 베이(Gardens by the Bay)'에서도 여실히 보여준다. 이곳은 101ha의 매립지에 조성된 실내 정원이다. 입구에서부터 25~50미터 정도 높이의 대형 인공 나무가 눈길을 끈다. 대형 인공 구조물에 수많은 식물을 식재하여 살아있는 거대 나무로 형상화한 것이 모두 18개가 된다. 특히 밤에 벌어지는 대형 트리 레이저쇼는 장관을 이룬다. 인공이되 도시를 정화해 주는 친환경으로 실제 나무의 역할 그 이상이라 한다.

돔으로 이루어진 실내 정원의 공기는 여느 실내 식물원에서 느끼지 못했던 서늘함과 쾌적함이 느껴진다. 3332개의 유리 패널로 이루어진 돔을 통해 내려온 빗물을 냉각수로 처리하고, 패널이 열렸다 닫혔다 하여 온도가 조절되는 친환경 특수 공법을 자랑한다.

수백 종의 식물이 있지만 바오밥나무에 제일 눈길이 간다. 병 모양으로 생긴 독특함도 있지만 아마도 생텍쥐페리의 ≪어린왕자≫에서 만난 나무라서 신비롭게 느껴지는지도 모른다. 이곳 최첨단시설 공법은 실제 ≪어린왕자≫에서 영감을 얻어 상상 속의 세계를 현실로 옮겨 놓은 것이라 하지 않던가?

천년의 바오밥나무 앞에서 머나먼 별나라의 소년, '어린왕자'를 만난다. 그동안 잊고 살았던 것, '눈에 보이지 않는' 그러나 삶에서 중요한 것들을 떠올려 본다. 어린 날의 순진무구한 눈망울과 동심을 그리는 심상이 가지 끝에 아련히 매달린다.

여행이란 그런 건가 보다. 새로움을 보고 느끼기 위해 떠나는 것이 아니라, 잊고 있던 나를 찾아 길을 나섰다가 되돌아오는 것….

6시간 남짓의 비행 끝에 다시 제자리로 돌아와 쉼에 든다. 포근하다.

꽃 파는 남자

중세 역사의 고도古都, 이태리 로마에서 아침을 맞는다. 고대 역사의 장엄함이 그대로 보존되어 있는 도심으로 접어드는데 거리에서 꽃 파는 남자들이 여기저기 눈에 띈다. 동남아권 태생으로 보이는 까무잡잡하고 키 작은 남자가 노란 꽃다발을 양손에 몇 묶음씩 들고 정차 중인 자동차 사이를 이리 닫고 저리 닫는다.

말이 꽃다발이지 꽃 몇 송이 비닐 포장지에 두르르 말아 질끈 묶은 정도이다. 익히 보아오던 꽃다발에 비해 초라하기 짝이 없는 상품을 들고 행인들의 지갑을 기웃대고 있는 모습이 다소 생뚱맞아 보인다.

'포장이라도 좀 예쁘게 해 가지고 나오든지.'

이태리에서는 '세계 여성의 날'에 노란 미모사 꽃을 여성에게 선물한단다. 그 틈새를 파고들어 꽃을 파는 저들은 대개 불법체류자로 이렇듯 생계를 유지해 가고 있다는 것이다.

방문 약속된 로마 협동조합 본부에 들어서니 대뜸 꽃다발부터 와 안긴다. 얼떨결에 타국에서 여성의 날 꽃 선물을 받은 것이다. 미모사 꽃다발이다.

'미모사 꽃.'

내가 알고 있는 미모사는 슬쩍 건드리기만 해도 움칫 이파리를 접으며, 여름에 피는 연보랏빛 꽃이다. 한데 이태리에서는 이른 봄 노랗게 피워낸 이 꽃을 미모사(또는 미모자) 꽃이라 부른다고 한다. 멀리 보이는 꽃나무가 마치 우리의 산수유나 생강나무를 보는 것 같다.

노란 미모사는 프랑스 샹파뉴 지방의 들꽃으로 전해진다. 실제 프로방스의 봄레 미모자 마을은 이른 봄, 온통 미모사 꽃이 흐드러지고, 그 눈부심에 반하지 않는 이가 없을 정도라 한다. 우리나라 구례의 산수유 마을을 연상하면 과히 다르지 않을 듯하다. 그렇다 해도 여성의 날과 무슨 상관이란 말인가?

세계 여성의 날은 대공황에 의한 경기침체로 허덕이던 미국 여성 섬유 노동자들의 가두 시위에서 비롯되었다. 기업주의 착취와 억압의 중지 그리고 참정권을 요구하며 여성 인권투쟁의 시발점이 됐다. 이로부터 여성들은 사회, 경제, 정치적 차별 없는 사회, 인간다운 여성의 권리를 찾기 위한 운동을 전 세계적으로 확산시키면서 매년 3월 8일을 '세계 여성의 날'로 기념

하고 있다.

'왜 하필 미모사꽃인가?'

골똘하던 내 생각과는 달리 현지 가이드의 말은 의외로 싱겁다. 가장 일찍 피고 구하기 쉽기 때문이란다. 지금 팔고 있는 저 꽃도 나무에서 그냥 꺾어다 파는 것이란다.

이국에서 돈을 벌기 위해 나무에 매달려 꽃을 꺾었을, 저 약소국의 젊은이들 손에 들린 미모사 꽃묶음이 그들과 퍽 닮았다는 생각이 든다. 조금만 건드려도 잎이 움츠러드는 미모사, 방울방울 매달려 노랗게 터져버린 눈물꽃이었다가 또다시 힘을 얻어 잎을 펼쳐가는 삶, 주눅 들어 눈치껏 살아가는 저들이 한 그루의 미모사가 아닌가.

며칠 이곳에 있다 보니 그들은 때론 꽃 파는 남자가 되었다가 금방 우산과 비옷을 챙겨 들고 거리로 나선다. 햇살 좋은 날에는 짝퉁 가방 몇 개 어깨에 걸머메고 행상하는 모습이 이젠 더는 낯설지 않다.

그들을 통해 1970년대 아메리칸 드림을 안고 미국으로 숨어들던 우리의 과거, 약소국이 겪던 설움을 본다. 열악한 산업전선에서 혹사를 당하면서도 남자에 비해 절반의 임금으로 참정권조차 주어지지 않았던 여성의 박탈된 인권을 본다.

미모사의 꽃말은 '예민한 마음' 또는 '민감', '부끄러움'이다. 작고 여린 듯 보이나 강하고 긴 생명력, 그 향기로움은 결코 소외된 약자가 아님을 의미하는 것이리라.

무리 지어 자란 미모사로 인해 봄레 미모자 마을이 매년 '아름다운 도시'로 선정되듯이 여성들의 내재된 힘이, 소외된 약소국민들의 강인한 생명력이 하나로 뭉쳐 아름다운 세상으로 흐드러지길 소망한다.

제3의 국적

'속마음 톡톡 힐링 캠프'란 이름으로 떠나는 여행이다. 마음을 터놓음으로써 진정한 소통의 기회를 갖고자 마련된 프로그램이다. 참여자는 다문화가정과 새터민주부, 그리고 그들의 매니저가 되고자 하는 한국인 주부들이다.

만남의 취지는 국경을 넘어 우리나라로 찾아든 여인들이 한국 생활에 보다 쉽게 정착할 수 있도록 손을 맞잡아주는 관계맺음이다. 적응에 걸림돌이 되는 것은 보는 시각과 문화적 차이가 가장 크다. 서로 다름을 이해하고 인정하는 과정이 충분하지 않은 데서 비롯되는 경우가 대부분이다. 다른 문화 습속이 융화되는 것도, 마음의 벽을 허물기도 그리 쉬운 일은 아니다.

꿈과 포부를 안고 국경을 넘은 그녀들은 분명 용기 있는 여성이다. 그러나 그 과정에서 베이고 긁힌 상처 또한 적지 않았으리. 상처에 딱지 앉듯 여린 마음이 옹이로 굳어져 어쩌면 내 안에 보호막을 한 겹 더 두르고 있을지도 모를 일이다.

나의 파트너 마사끼 에리까 씨는 오늘 참여를 하지 않았다. 외형으로는 소극적이고 조신해 보이지만 한국인 남자를 택한 연유를 들어보니 분명한 소신과 굳은 심지가 엿보이는 일본 여인이다. 이번 프로그램에 적극 참여하도록 권하지 못한 것은 아직 그녀의 마음을 다 헤아리지 못한 내 탓이 크다는 걸 뒤늦게 알았다. 다른 일도 있지만, 그보다 여러 사람과 떠들썩한 자리를 즐겨하지 않는 성격에 아쿠아월드라는 장소에서 수영복 입은 모습으로 함께하는 것이 썩 내키지 않았던 모양이다.

파트너가 참석하지 않은 사람들끼리 새로운 인연이 정해졌다. 그 역시 일본 여인이다. 이야기를 나누다 보니 에리까 씨에게 힘이 되고 있는 이웃의 언니가 바로 그였다. 내심 더 반가웠다.

한국에 온 지 24년 차, 4남매의 엄마로 편의점을 둘씩이나 운영하고 있는 맹렬여성이다. 학교 자모회장을 맡으며 당당히 한국인 주부로 뿌리내리고 있는 것을 보면 얼마나 열심히 살아왔는지 말보다 느낌이 먼저 와닿는다.

그녀는 이토 유미라는 예쁜 이름을 가졌다. 이토 가문은 우리 정서와 골이 깊은 일면이 있지만, 아마도 명망 있는 가문

중의 하나로 꼽히겠다 싶은데 말을 삼키고 말았다. 후에 알고 보니 우리와 성씨 체계가 달라서 이토 히로부미와는 아무런 상관이 없었다.

가깝고도 먼 나라 일본으로 향한 곱지 않은 눈초리, 이 땅에서 일본인으로 살아간다는 것은 또 다른 심적 고통을 하나 더 얹고 가는 게 아닌가 싶어 애잔한 마음이 든다. 역사 앞에서 당당할 수 있는 사람이 몇이나 될까.

서로 몸 부딪고 가까워질 수 있는 미션이 몇 가지 주어졌다. 둘이 하나 되어 사랑의 포즈 취하기, 귀여운 표정, 행복한 표정 짓기 등 머리를 맞대고 가장 멋진 작품을 만들어가는 행동들은 마음을 열고 하나 됨의 표현이다.

미션 수행의 장면을 사진으로 찍어 공유하면서 나는 그녀의 전화번호를 입력했다. 내 휴대폰에 저장된 그녀의 이름은 '이토 ㅇㅇ'가 아닌 '다문화 이토 ㅇㅇ'였다. 그녀가 입력된 자기 이름을 보았다면 이 얼마나 어이없고 가슴 무너지는 일이겠는가. 이름을 쉽게 기억할 수 있다는 편의성을 내세워 그리 분류를 하면서도 내 안의 모순을 어쩌지 못하는 것도 사실이다.

'다문화' 이름도 성도 아닌 것이, 이름 앞에 떡하니 입력되고 있는 이 정체 모를 용어는 대체 무엇이란 말인가. 국제 미아처럼 떠돌고 있는 제3의 국적인가.

'다문화'의 사전적 의미는 여러 나라의 생활양식을 뜻하지만 '다문화가정'은 우리와 다른 민족 또는 다른 문화적 배경을 가진 사람들의 가정을 총칭한다. 애초부터 우리와 다른 것으로 분류되어 있는 셈이다.

새터민의 경우는 더하다. 같은 나라 민족이면서 다른 나라에서 온 이방인 취급을 받는 그들은 또 어쩌란 말인가.

싱그러운 여름, 초록물 속에 입 크게 벌려 하하 웃음을 쏟아내고 온 하루였지만 다시 얹혀지는 또 다른 체증에 온몸이 나른해짐을 느끼며 허우적허우적 잠속으로 빠져들었다.

저문 가을의 설악

모처럼 강원도로 걸음할 일이 생겼다. 빠듯한 일정에서 오후 짬을 내어 권금성을 찾았다. 멀리 보이는 설악산의 정수리는 희끗한 눈발을 뒤집어쓰고 사람의 마음을 잡아끈다. 올해 들어 처음 보는 눈이다.

단풍의 끝자락을 늘이고 있는 설악은 흥청대던 오일장의 파장 풍경이다. 평일을 불문하고 초입부터 빼곡하던 주차장이 휑하다. 덕분에 거침없이 케이블카 승강장 근처까지 올라와 차를 댈 수 있었다. 한창 철에는 어림도 없던 일이기에 조금은 횡재한 느낌이다.

케이블카 탑승구 앞에는 제법 사람들이 웅성하다. 손에 깃발을 든 사람 주변으로 오종종한 사람들이 모여 알아들을 수 없는 말들을 주고받으며 얼굴빛이 환하다. 인솔자는 태국에서

온 여행자들이라고 귀띔을 해 준다. 잠시 후 탑승구 문이 열리고 산 아래로 펼쳐진 풍광을 감상하며 제자리에 선 채 산을 오른다. 찬란히 불타오르던 단풍들은 이미 사그라져 골짜기가 갈빛으로 숙연하다. 지금 이 분위기도 좋지만 처음 설악을 찾는 외국 관광객들에게는 오색찬란한 단풍의 절정을 보여주었으면 더 좋았겠다고 생각하는 사이 권금성에 도착했다.

권금성은 온통 바위투성이다. 사방을 둘러봐도 기암과 괴석, 나무들이 각기 다른 모습으로 하늘과 어우러져 절경을 이루고 있다. 가슴이 탁 트이는 느낌이다. 떼로 몰려 바위를 쓸고 있던 바람이 머리칼을 쓸며 인사를 건네 온다. 인사치고는 좀 거칠다 싶지만 이게 산 사나이의 인사법인가 싶다.

바람은 대개 떠돌이지만 이곳 권금성의 바람은 아예 눌러사는지 텃세가 심하다. 바위를 움켜쥐고 산등성이를 지켜내고 있는 소나무들은 하나같이 제 몸의 절반을 바람에게 내어주고 특이한 모양으로 살아간다. 일반적인 소나무의 형태와 견줘보면 기형이 분명한데 절묘한 아름다움을 느끼게 한다. 주변 어려운 환경에 순응하며 더불어 살아가는 삶이 빚어낸 걸작이다.

거대한 바위는 어린 소나무가 자랄 수 있도록 틈새를 내어주고, 나무는 바위를 의지한 채 바람에게 몸의 반쪽 가지를 내어준다. 바람은 바위를 하얗게 쓸고 닦으며 함께 권금성을 지켜가고 있다. 산마루에 오래도록 눈이 덮이고 암석의 색깔이 눈같이 희다 하여 설악이라 하였다는 말을 실감하는 순간이다. 오묘한 절경이 팔만사천 부처님의 말씀이라 한 것 역시 헛말은 아니지 싶다.

케이블카 승강장 아래쪽으로 '안락'이라는 작은 암자로 가는 길이 조붓하게 열려있다. 안락암은 외형으로는 작고 보잘것없지만 안내판 문구에 의하면 범상치 않은 곳이다. 봄이면 피어나는 안개로 청정법신께 향 공양을 올리고, 여름에는 소토왕골 바람으로 더위를 잊게 한다. 가을에는 오색찬란한 단풍으로 꽃 공양을, 겨울이면 처마 끝까지 눈이 쌓여 속세의 오욕과 번뇌의 티끌을 묻어두니 법계의 진리가 여기 있다 한다.

신라 자장율사께서 신흥사를 창건할 당시에 있던 암자로, 원효, 의상 등 고승들이 이 초암에서 안좌수심安坐修心하였다는 설을 증명이라도 하듯 절 아래쪽에는 수령 800여 년 노송이 설악을 지키고 있다. 무학송舞鶴松이다.

이 노송 역시 반쪽의 몸뚱이에서 기묘하고도 범상치 않는 기운이 감돈다. 무학송은 춤추는 학의 형상을 하고 있다 하여 이름 붙여진 것이라는데 왠지 무학대사를 떠오르게 한다.

무학대사는 불교에서 가장 높은 단계에 이르러 더이상 배울 것이 없다 하여 무학無學, 혹은 강보에 싸여 버려진 아이를 학들이 둘러싸서 보호했다 하여 무학舞鶴이라는 호가 붙여진 조선건국의 왕사로 설악의 무학송과는 아무 관련이 없다. 그럼에도 이 둘이 하냥 생각되는 것은 비단 한글 동음어 때문만은 아니다.

800여 년 달관한 모습이 묘하게도 대사의 이미지와 닮아 보인다. 하세월 설악을 지키며 닦아온 법계의 진리가 묻어난 게 아닌가 싶다. 권금성 산마루에 자라고 있는 어린 소나무들은 무학송을 큰바위 얼굴로 삼고 그를 닮아가고 있는 것인지도 모르겠다.

산사의 목탁 소리에 애잔히 깊어가는 가을, 아직은 정수리만 하얀 모자를 쓰고 있는 저 설악도 이제 점점 냉기가 도는 눈으로 하얗게 덮여갈 것이다. 유난히 긴 겨울을 나야 할 권금성의 소나무들처럼 어려운 여건을 헤치며 살아가는 사람들에게 따뜻함이 더욱 그리운 계절이다.

불현듯 아랫목 이불 속에 조르르 다리를 묻고 정담을 나누던 어린 시절, 화롯불에서 톡톡 밤 익어가는 소리가 그리움으로 와 안긴다.

새끼손가락

“글 쓰는 사람은 손가락도 예쁘게 뻗고 쓰나요?”

느닷없는 후배의 질문에 어안이 벙벙했다. 무슨 말이냐 물으니, 지금 새끼손가락 하나를 뻗치고 글씨를 쓰고 있기에 하는 말이란다. 가끔씩 마이크 잡는 모습을 보면 새끼손가락 하나를 편 채, 네 손가락으로만 마이크를 모아쥐고 말을 하더라는 것이다. 마이크 쥘 때야 예쁘게 보이려고 그러나 보다 했는데 글씨를 쓸 때도 여전하니 펜을 예쁘게 잡아야 글도 잘 나오나 해서 물어보는 것이라며 웃는다.

‘내 속사정을 누가 알랴’ 마주 웃으며 손을 내려다보니 새끼손가락 하나가 뻗침새를 하고 있다. 우스운 모양새였겠다. 손등을 위로하여 두 손을 펴본다. 뭐 한 일이 있다고 손마디는 그리 굵직굵직하게 자리를 하고 있는지….

얼른 감추고 싶은 손인데, 마디 굵은 손가락 말석에 새끼손가락 하나가 앙상하게 쪽 뻗어 있다. 다른 쪽 손가락에 비해 가늘고, 손마디도 작다. 얼핏 보면 가느다란 것이 괜찮게 생긴 듯하나 첫째 마디는 아예 없다. 온전치 못한 녀석이다. 이 녀석은 애초부터 그리 생긴 것은 아니다. 살다 보니 예기치 않게 불구가 된 것이다.

한 20여 년 전쯤 되었나? 아이들 어렸을 때 주말이면 먹을 것을 싸 가지고 들로 산으로 나다닐 때였다. 도시에 사는 시누이가 틈만 나면 아이들을 데리고 찾아오곤 했다. 그날도 시누이 내외와 남편은 나물을 뜯으러 산을 오르고 나는 아이들을 데리고 계곡에서 점심 준비를 하고 있었다.

평화로워 보이는 산이지만 언제 어떻게 닥칠지 모를 위험이 도사리고 있는 곳이 또한 산이다. 아이들에게는 조심하라 이르면서도 정작 나는 하찮은 산비탈에서 미끄러져 나동그라지고 말았다. 그 바람에 오른손 새끼손가락이 접질렸는지 자지러지게 통증이 왔다. 겉으로 보기에 멀쩡한데 아프다고 죽는 소리를 하니 엄살이라 여겼는지 면박이 날아들었다.

"뭔 여자가 그리 조심성이 없냐."는 남편의 핀잔에서부터, 엄마는 겨우 그런 곳에서 미끄러지냐며 어이없어하는 큰아들 녀석의 눈총을 따갑게 받았다.

그 뒤로 며칠간은 집안일을 하거나 손가락이 스칠 때마다 짜르르 통증이 왔다. 그러나 부러진 것도 아니고, 철철 피가

나는 것도 아닌데 새끼손가락 하나 치켜들고 병원 찾는 것도 우스운 것 같아 참고 넘어갔다. 그렇게 한동안을 지나다 보니 아픈 것도 수그러들고 차츰 잊고 지냈는데 손가락이 말을 듣질 않는다. 첫째 마디는 아예 저 혼자서 구부러지지도 못한다. 다른 손으로 구부려 봐도 튕겨지듯 이내 뻗치기가 된다. '구부렸다 폈다'를 하지 않으니 신기하게도 마디 자체가 아예 퇴화해 버리고 말았다.

다쳤을 당시 아마 인대가 끊어진 것을 방치한 게 아닌가 싶다. 겨울이 되면 손끝이 찬 것도 그 때문인 것 같다. 가끔씩 손가락을 주무르며 작은 새끼손가락 한 마디의 기능이 알게 모르게 몸에 영향을 미치고 있음을 새삼 느낀다. 하물며 더 큰 장애를 가진 몸이야 말해 무엇하랴.

4월 20일은 장애인의 날이다.

천형처럼 다가온 장애도, 예기치 않은 사고에 의한 장애도 있다. 겉으로 보기에 멀쩡하다고 어찌 다 온전하다 할 수 있겠는가. 몸이든 마음이든 누구나 하나쯤 갖고 있을 크고 작은 장애들, 좀더 관심을 갖고 덧들이지 않도록 서로 보듬으며 잘 다스려 나가야 하지 않을까.

늘 뻗치기로 있는 새끼손가락이 오늘따라 애잔해 뵌다.

4부

날 앞에 서다

달랑 한 장 남은 달력, 날 앞에 섰다. 전시되어 있는 판화 작품들과 만나고 있다. 낡고 오래된 건물과 손때 묻은 가방, 자잘한 일상 같은 소품들이 오늘이 어제인 듯 어제가 오늘인 듯 전시장을 흐르고 있다.

번득이는 날 앞에 속절없이 베이고 파여 골 깊은 주름으로 이지러진 여인의 얼굴을 대한다. 굳이 정신대라는 아픈 과거사를 들추지 않아도 외롭게 지켜낸 삶의 흔적이 역력한 채 걸려 있다. 한켠, 저 숱한 군상들이 무심히 어깨 부딪고 아웅대는 세태 속에서도 우주의 질서는 이리 잡혀가는 것인가. 만다라 앞에 한참을 머물러 본다. 어렵다.

"날, 앞에 서다"

묘한 뉘앙스를 안겨주는 문구에 이끌려 들어선 곳이 진천

생거판화미술관이다. 스무 명의 작품 소장전이 열리고 있었다. 판화만의 전문 미술관이라니, 아무도 시도하지 않은 발상이다. 2010년 문을 연 판화미술관은 백곡호의 바람결 따라 영혼을 울리는 종소리를 은은히 머금고 독특한 예술의 향취를 품고 있다. 그곳에 들어서면, 차고 날카로운 칼끝으로 흐드러지게 피워낸 꽃을 만난다. 살아 움직일 듯한 솔잎, 댓잎 하나하나에서 숨소리를 듣는다. 자연을 거닐며, 때로는 환상 동화와 도시의 그림자를 엿볼 수 있다.

예리한 칼날과 나무 · 동판 · 석판 그리고 부드러운 한지와 먹, 각기 다른 물성이 한몸이 되기까지 작가는 그 심성을 어찌 다스렸기에 그들이 서분서분 틈을 내주었을까. 배려와 양보, 인고의 시간을 느낀다. 부드러운 붓끝이 아닌, 날 선 칼날에서 둥글둥글 삶의 모습을 빚어내느라 삭이고 다독이는 자기 성찰은 또 얼마였을까. 판화의 과정 자체가 우리네 사람살이의 모습을 고스란히 담고 있음을 본다.

모든 것 지배할 듯 날 선 조각도의 카리스마
미려하지만 곧고 단단함이 결코 만만치 않은 목질
각기 다른 물성의 맞선 눈빛이 등줄기에 꽂힌다
이들이 부딪고 타협하며 서로 알아가기까지 그 얼마인가

어르고 달래며 하나로 융합시킨 판화가의 굳은살

그간의 고통을 결 고운 한지가 가없이 품어 안을 때
비로소 아름다운 작품이 오롯이 완성된다는 걸
내 이제야 알 것 같다.
여기, 한 올 한 올 새겨진 작품의 숨결에서…….

학창 시절의 고무판에서 벗어나 판화 작품을 처음 대한 것이 십수 년 전, 우리 지역에 터를 잡고 활동하는 김준권 화백의 작품 〈상송 가는 길〉이다. 내 고향 상송上松의 소나무 길이 작품의 소재가 된 것이 반가웠고, 겹겹이 산그림자 드리운 고향의 산능선이 이리 아름다웠나 싶었다. 동산을 에두른 자연의 풍광이 선 곱게 펼쳐져 있다. 원근 수묵화에서 운무 자오록이 피어오르는 모습은 가히 선경이다.

진천의 자연미는 부드러운 산능선에 있다. 사방 어느 방향으로 눈을 둬도 모나지 않은, 골이 깊어도 봉우리를 날카롭게 세우지 않은 능선이 곱다. 사람의 심성은 그 지역의 풍토를 닮는다 하지 않던가. 자연 그대로의 모습을 나는 아이러니하게도 판화의 작품을 통해 발견했다. 청정한 지조의 솔과 대나무의 곧음, 때로는 낭창낭창 휘늘어진 능수버들에 화사한 복사꽃까지. 판화이면서 붓끝으로 그려낸 그림보다 더 섬세하다.

회화도 아닌 것이 회화인 듯 부드러운 붓 감을 띠기도 하고, 회화인 듯 바라보면 복사가 가능한 판화란다. 작품에 눈을 가까이 들이대도, 한 발 물러 멀찍이 바라봐도 장르의 모호성이 외려 신비감을 준다. 판화의 매력이다.

날 앞에 서서 저 단단한 세상을 본다. 날 세워 칼을 들이댄다고 호락호락 면을 내줄 것 같지 않는 아득함……. 그러나 또다시 펼쳐지는 날, 날들. 호기롭게 새로운 꿈을 꾸어야 할지 주춤해진다. 아무 생각 없이 그저 예리한 날이 수없이 후벼낸 만다라에 흠뻑 빠졌다 가라는 말인가.

만다라는 하나에서 여럿을 향해 움직이거나, 여럿에서 한곳을 향해 움직이는 두 양상을 띠며, 우주의 힘이 응집되는 장소라 하지 않던가. 한 해의 끝자락에 서서 무뎌진 날을 벼리고 다시 날을 만난다.

예불드리는 나무

2월, 겨울의 끝자락이다. 며칠 전까지 기세 좋게 휘돌아치던 바람이 슬그머니 맥을 놓는다. 눈에 보이는 산야는 아직 무채색을 띠고 조용한데 그 어떤 기운이 불끈 느껴진다. 촉을 틔우려는 연초록 이파리들의 꿈이 내면으로부터 꿈틀대는 기운일 게다.

겨우내 목에 감겼던 묵은 먼지를 심호흡으로 토해내며 모처럼 보탑사를 찾았다. 여승들이 머무는 절간 앞을 지키고 있는 300여 년 노거수 느티나무가 먼저 눈정으로 맞아준다.

단단히 뿌리내리고 쌓아온 장구한 삶의 내력이 고스란히 드러난 밑둥치의 위용은 말할 것도 없고 맨 꼭대기 실가지의 가녀림까지 한눈에 훤히 다 들어온다. 무성하게 매달고 있던 이파리들을 모두 내려놓은 모습이 당당하고도 단아한 모습이다.

강인해 보이면서도 자태가 반듯하고 우아하다. 마치 동안거를 마친 스님들의 정갈함을 보는 듯하다.

숨김없이 온몸을 다 드러내고도 저리 귀한 품격을 풍길 수 있는 것은 느티나무가 갖고 있는 본래의 기질 때문만은 결코 아니지 싶다.

느티나무는 마을 입구마다 수호신처럼 서 있는 경우가 많다. 괴목槐木 또는 규목槻木이라고도 불린다. 나뭇가지가 사방으로 고르게 자라서 수형이 둥글며 잎이 무성하다. 크고 짙은 그늘을 드리워 정자나무의 역할을 톡톡히 해 왔다. 정자나무 그늘은 대개 마을 사람들의 쉼터가 되기도 하고, 때로는 사랑방처럼 모여 앉아 의견을 나누면서 우리와 애환을 함께해 온 곳이다. 이렇듯 느티나무는 오래 전부터 우리 문화와 친밀한 관계를 맺어 왔다. 수백 년 함께하는 동안 사람들은 조상을 섬기듯 신목으로 여겨 오고 있는 터이다. 나무의 본성이 이러한데 이곳 보탑사의 느티나무는 더 말해 무엇하랴.

1996년 불사가 이루어진 그날부터 나무는 여승의 저녁 예불 소리에 잠이 들고, 새벽 목탁 소리에 깨어나 스스로 절집 지킴이를 자처한 것은 아닐까. 바람결에 법문을 듣고 그동안 스님들과 함께 예불을 드리며 스스로 번뇌로부터 벗어나 성불의 이치를 깨달아 가고 있는지도 모르겠다.

300여 년 된 노구답지 않게 어느 가지 하나 병든 기색 없이 기운차고 당당한 기개가 느껴지는 데에는 다 그만한 이유가 있음이리라. 오랜 기간 골골이 세월의 풍상을 겪는 동안 뿌리는 내 아버지 손등의 힘줄처럼 툭툭 불거져 나와 땅 위까지 맨살이 드러나 있다. 그럼에도 삶에 지친 이들을 얼마만큼 달래주고 또 얼마나 공덕을 쌓았기에 그토록 의연함을 잃지 않고 서 있는 것인가. 우리네 어버이가 그래왔듯이 거친 세파 속에서도 단단하고 결 고운 뽀얀 속살을 찌워 소신공양을 하고 있다. 불상을 조각하는 데 혹은 밥상이나 가구재로……. 필요한 곳에 온전히 몸을 내준다.

어떤 이는 느티나무를 보고, 줄기에서는 강인한 의지를, 사방 고루 펼친 가지는 조화된 질서를, 그리고 단정한 잎들은 예의를 상징한다고 언급한 바 있다. 참으로 적절한 표현이다.

햇볕 따사로운 봄날이면 커다란 노구에도 불구하고 가지 끝마다 손톱만 한 연초록 이파리들을 조르르 매달고 사람들에게 해맑은 아이의 웃음 같은 미소를 물리게 한다. 잎이 무성하여 짙은 그늘을 드리울 때는 잘생긴 젊은이를 보는 듯하여 힘이 절로 솟구친다. 가을빛으로 단풍 들어가는 해물 녘, 그림자 길게 드리운 나무의 자태는 고고하다. 겨울 나목은 칼바람과 눈 · 서리 온몸으로 막아내며 자식들을 보듬어 키워오느라 머리가 하얗게 세어버린 어버이 모습으로 서 있다. 언제 어느 때, 누구를 마주하더라도 늘 품을 내어준다.

겨우 몇 남아 마을을 유지해 가는 보련골 노인들은 이 나무 밑에서 종종 좌판을 벌이기도 한다. 산자락에서 뜯어온 취나물이며 다래순, 고사리 등 산나물이 선을 보이기도 하고 한여름 볼품없이 자란 옥수수도 한몫 끼어든다. 때로는 청국장, 된장이 등장하고 갖가지 곡식들이 한두 되씩 나와 앉아 있기도 한다.

불현듯 우리 아이 유치원 다닐 무렵 함께 보탑사를 찾았던 기억이 새롭다. 몇 아름이나 되는 거목 밑둥치에서 밝은 햇살을 맞으며 까르르 웃음을 쏟아내던 아이다. 그 아이가 어느덧 성인이 되어 사회에 홀로 설 준비를 하고 있다. 그만큼의 세월은 흘렀는데 나무는 늙지도 않고 그때 그대로다. 아니 오히려 더 젊어진 느낌이다. 그동안 불심이 많이도 돈독해진 덕인가.

내 아이가 느티나무의 품결을 닮아 당당한 성인으로 사회의 한 귀퉁이를 떠 괼 수 있는 재목이 되었으면 하는 마음으로 두 손을 모은다.

숙명

야트막한 산들이 성곽처럼 둘러져 있어 성주머니라고도 불리는 마을 어귀다. 알 듯 모를 듯 바람 한 점 무심히 스쳐 지나간다.

스스로의 성장을 따라잡지 못해 온몸 거죽에 허옇게 버짐이 피어 얼룩덜룩해진 나무. 마침내 그 하얀 속살을 후비고 무쇠로 된 몸의 절반이 들어박혀 기이한 형상을 이룬 모습을 만난다. 사람들은 고개를 갸웃거리며 이들의 관계를 힐끔대기 시작했고 그들의 부적절한 관계를 수군거리기 시작했다.

애써 연민으로 보듬으려는 햇살 사이로 바람이 싸늘히 치고 돌던 어느 날 발가벗어 알몸을 훤히 드러낸 채 부둥켜안고 있는 그들의 모습이 드디어 방송 카메라에 잡혔고, 인터넷에도 올려졌다.

"세상에 그럴 수가?"

적나라하게 드러난 모습을 신문, 방송에서 보는 것만으로는 성이 차지 않는 사람들은 삼삼오오 찾아들었다. 처음에는 호기심 어린 눈으로 쳐다보며 수군대더니 이젠 아예 큰 소리로 떠들어대기 시작했다.

그들이 처음 만나게 된 것은 일제 치하 우리 민족의 수난기와 때를 같이한다. 애초에 하나는 미끈한 용모를 지닌 버짐나무였고, 다른 하나는 맑고 청아한 소리를 품은 쇠종으로 각각 전혀 다른 세계의 물성이었다.

일본은 우리나라의 지배자가 되어 그 버짐나무에 쇠종을 매달아 놓고 저희들이 필요할 때마다 동네 사람들을 불러 모으는 도구로 사용하기 시작했다. 둘의 운명은 그렇게 시작되었다. 본성이 아무리 청아한 소리를 지녔다 해도 시커먼 속내를 갖고 마구 줄을 잡아당기는 데야 그 고운 본성을 지키기란 쉽지 않았을 것이다. 절로 인상이 찌그러지는 쇳소리를 낼 수밖에…….

마을 어귀에서 쨍쨍 쇠종이 울면 마을 사람들은 하던 일손을 놓고 도살장 가는 소처럼 걸음을 잡아끌며 버짐나무 아래로 모였을 것이다. 그리고 지배자의 명령에 따라 강제부역을 해야만 했으리라. 민족의 수난기는 사람뿐이 아니라 이 땅의 모든 것이 다 수난이었던가 보다. 가슴을 도려내던 그 쇳소리는 한국전쟁이 끝난 얼마 후까지 계속되다가 시나브로 잦아들게 되었다.

버짐나무는 서슬이 퍼렬 만큼 잎 세력도 넓혔다. 사람들에게 그 한 자락 그늘로 내어주고 쉼터가 되어 주는 동안 미끈하던 몸은 하나하나 나이테를 속으로 그으며 허리통이 굵어져 갔다. 나무의 굵어진 허리만큼 사람들의 감각 또한 무디어져 그간 나무와 종이 만나 어떤 일을 벌이고 있었는지 무심했다. 아니 함께 있었던 사실조차 모두 까마득히 잊고 있었다.

그러던 어느 날 마을 사람들은 우람하게 자란 나무의 가지치기를 하면서 잊혀졌던 이들이 기이한 형상으로 얽혀 있는 것을 발견한 것이다. 수십여 년을 그러한 관계로 몸을 섞어 왔을 터인데 좋지 않은 종소리의 기억 때문에 묻어두려 했던 마을 사람들은 이제야 이 일을 입 밖으로 드러내게 된 것이다.

누군가로부터 잊혀지는 존재가 된다는 것은 두려운 일이다. 쇠종이, 저를 매달고 있던 버짐나무와 한 몸이 될 수 없는 부적절한 관계로 속살을 파고들게 된 것도 아마 두려움 때문이었는지도 모른다. 몸의 윗부분 절반을 이미 나무의 살 속으로 깊숙이 박고 있는 종의 모습이나 자기의 생살을 헤집고 파고드는 아픔을 의연히 견디며 받아들이고 있는 버짐나무의 숙명적인 관계가 싸하니 가슴 한켠을 후린다.

끌어안을수록 더욱 고통이 커지는 쇠종과 버짐나무의 부적절한 합일, 또 그들과 애환을 함께해 왔으면서도 그들의 기묘한 관계를 볼거리로 삼으려 한 사람들, 어쩌면 드러내 놓지 못하고 아픈 세월을 잊고 살아가는 사람들을 대신하여 버짐나무가 그 마음을 이렇게 대신 안고 살아가고 있는 것은 아닌가 생각해 본다.

옷을 벗다

4년간 걸치고 다녔던 옷을 벗었다. 독특한 디자인으로 유명 브랜드에 속한다. 게다가 전국 각 지역별 한정판에 속하니 대다수의 사람들은 엄두를 내지 못하거나 관심 밖이고, 갖고 싶어 안달이 난 사람들 간엔 치열한 쟁탈전이 벌어진다. 선호도도 극명하게 갈린다.

보통 4년 단위로 선을 보이는 이 한정판 브랜드는 인격적으로 잘 갖추어진 사람이 입어야만 명품으로서 빛을 발할 수 있다. 야누스의 얼굴로 마력을 지녔기 때문에 함부로 탐할 일은 아니다. 자칫 유혹에 빠져 패가망신하는 경우가 있고, 돈푼깨나 지녔다고 암암리 밑돈을 들여 차지하려는 부도덕의 불씨가 예서 비롯되는 경우도 많다.

사람과 옷이 들어맞지 않아 휘휘 겉도는 줄도 모르고 제멋에 겨워 거드름을 피우는 사람들 때문에 명품에 대한 혐오감을 불러오기도 한다. 하지만 브랜드의 가치 선호도는 떨어지지 않고 있다. 명품을 한번 걸쳤던 사람들은 이미지가 주는 가치와 향유의 틀에서 절대로 벗어나지 않으려는 속성을 보이는 것 또한 일반적이다.

나는 평소 올곧은 내면의 품격을 지니지 못한 사람이 '내가 누구입네' 겉치레 명품을 걸치고 다니는 모습을 마뜩지 않게 여겨왔다. 그런 내게 본의 아니게 유명브랜드가 주어졌다. 군의회 의원이란다. 감당할 주변머리도 못 되는 주제에 얼결에 얻어 걸친 복색이다. 좋아하지 않는 대열에 끼여 으쓱 어깨 올린 셈이다.

제법 옷태가 난다며 부러움으로 바라보는 시선도 느꼈고, 옷의 위력 또한 적지 않았지만, 품격을 갖춘 자만이 향유할 가치가 있는 것이라는 생각에는 변함이 없다. 하여 왠지 불편하고 어색했던 의원의 복색, 그 허울을 미련 없이 벗었다. 가뿐한 마음이다. 나도 모르는 사이에 의원이라는 유명브랜드에 어깨가 눌리고 구속이 됐었나 보다.

명품이라 통용되는 브랜드에 진품은 과연 얼마나 될까. 세상이 교묘하여 짝퉁 브랜드가 진품보다 더 버젓이 행세를 하니 진품은 외려 뒷전으로 물러앉는 경우를 가끔 본다. 어제오늘의 일은 아니지만 새삼 마음이 씁쓸하다. 목소리 큰 짝퉁이 고요한 명품을 앞지른 지 이미 오래된 마당에 진위 여부에 연연하는 것 자체가 외로운 갈등일지도 모른다. 잘 맞지도, 어울리지도 않는 옷을 걸치고 슬쩍 명품인 대열에 편승해 가려는 부류가 비단 정치인들뿐이겠는가. 여기저기 유명브랜드를 자처한 복색이 난립한다.

도대체 옷이 무엇 하는 물건이던가. 애시당초 원초적인 부끄러움을 가리고 자신을 보호하기 위해서였다. 그러다가 누군가에게 보여주기 위한 것으로 발전하기 시작했다. 모든 생명체 중 유일하게 인간만이 의복에 집착하는 모습을 보인다. 옷은 오랜 세월 인간의 몸과 밀착돼 오면서 '가림과 보여줌'이라는 이율배반적인 성격을 띠는 요물로, 인간의 속성과 꼭 닮아가고 있다.

인간이 생활하는 데 꼭 필요한 기본요소로 의식주衣食住를 든다. 그중에서 의복이 맨 앞에 꼽히는 의미에 대해 생각해 본다. 먹고 자는 일은 본능적으로 이루어질 수 있는 일이지만 의복을 입을 때는 때와 장소, 만나는 사람에 따라 조절이 이루어져야 하기 때문에 생각을 병행하게 된다.

인류 발달과 더불어 가장 섬세하고 민감하게 동참해 온 것이 바로 의복이다. 때때로 인간의 의식과 무의식이 동시에 표출되기도 하고, 옷을 만들고 입는 것 자체까지도 모두 창조적인 행위로 본다. 이는 이미 정신문화의 근간이 되어 인격을 표현하는 수단이 되고 있음을 의미하는 것이리라.

내면이 옹골차게 갖추어진 인격이 자신에게 적합한 품격의

옷과 조화로울 때 비로소 우아한 명품으로서의 가치가 높아질 것이다. 의원이라는 옷을 벗으며, 진정 명품다운 명품으로서의 삶을 꿈꾸어 본다.

까만 숯, 생명의 빛

따스함이 그리운 계절이다. 백곡호를 끼고 굽이굽이 고향 가는 길은 마음부터 훈훈해진다. 참숯테마전시관으로 발걸음을 했다. 그곳에 가면 활활 타오르는 불구덩이에서 나온 숯이 까무러쳤다가 다시 불로 사용되는 나무의 또 다른 삶의 방식을 볼 수 있다.

단단하고 야무지던 참나무가 속절없이 까맣게 제 몸을 사른다. 그 탄화 과정을 거쳐 겉과 속이 온전히 하나가 되고 수많은 미세한 구멍을 통해 몸을 열어준다. 그리고 비로소 부패와 산화를 막으며 음이온 효과와 다량의 미네랄을 함유한 참숯으로 버젓해진다. 방울방울 떨어진 나무의 눈물, 목초의 진액만큼 아픔을 견뎌내고 얻은 힘이리라.

온통 전자파에 파묻혀 사는 현대인에게 숯은 산소와 생명의 빛이다. 그 옛날 우리 조상들은 어찌 알았을까.

장 담그는 날, 어머니는 간장 위에 숯과 붉은 고추를 띄우셨다. 누구 집 대문에 금줄이 내걸리면 '아이를 낳았구나.' 방문하는 것을 삼갔다. 바로 그 금줄에 매단 것도 숯과 고추, 생솔가지였다. 어른들에 의하면 '부정을 타지 말라'고 금줄을 매는 것이라 했다. 그저 단순히 민속신앙에서 기인한 속설만은 아니었던 것이다.

숯의 순우리말은 '신선한 힘'이다. 나무를 태워 만든 숯이 생명의 빛이라 할 수 있는 원적외선을 발산한다는 것을 과학적인 증명도 접해보지 못한 우리네 어버이들은 어찌 알고 생활 곳곳에 이리 활용하고 있었을까. 금줄과 신선한 힘, 기막힌 어울림이다. 그 지혜가 신비롭기까지 하다.

최근 과학적으로 효능을 증명해 가며 높은 가치로 떠오르고 있는 숯은 전국의 70%가 진천에서 생산되고 있다. 그중에서도 청정지역인 백곡으로 들어서면 골짜기마다 숯 굽는 연기가 자오록이 피어오른다. 어릴 적 내 어머니 치마폭에서 맡던, 그 냉과리 냄새가 알키한 그리움으로 와 안긴다.

문득 시골 부엌 아궁이에서 타닥타닥 타오르던 불꽃이 아슴아슴 일어선다. 굵은 나무를 때고 얻은 숯은 화로에 담겨지고, 숯이 되지 못하고 재로 까무러쳐도 또 다른 쓰임이 된다. 숯불과 재가 한데 어우러져야 화롯불이 온전하다.

한겨울 찬바람이 푸르릉 푸르릉 문풍지를 울리던 날은 방안의 화롯불이 난로를 대신했다. 화로에서 바글바글 끓인 청국장 한 투가리에 온 가족의 숟가락이 같이 드나들던 두레 밥상이 아련하다. 화롯불 속에 으레 고구마 한둘쯤은 묻어 두었다가 주전부리로 먹던 기억도 입가에 미소로 매달린다.

누구네 집 할 것 없이 방안을 차지하던 화로, 그 둘레에선 오순도순 이야기꽃이 피어났다. 이야기 속에 묻어온 까까머리 한 아이는 지금 숯 굽는 사람이 돼있다. 중학교 시절, 껑충한 키에 겅중겅중 걷던 그 애는 한때 서울의 대학가에서 서점을 하다 어느 날 고향으로 돌아왔다.

가업을 물려받아 숯을 굽는 숯쟁이가 되어 고향의 한 궤를 지켜가고 있다. 어릴 때부터 아버지가 하던 일을 보아왔던 터에 가마 일을 직접 맡은 지 그러저러 서른 해가 넘었으니 그도 어엿한 장인의 경지에 이른 듯싶다. 굴뚝에서 피어오르는 연기 색깔로 가마의 불구멍 열고 막아야 할 때를 체득했고 제대로 화력을 조절할 줄 알아야 좋은 숯을 빚어낼 수 있다는 것이다.

가마에 나무를 넣는 데도 방법이 있단다. 참나무 굵은 밑둥치가 위로 향하도록 세운다. 위에서부터 타 내려가는 원리가 적용된 것이다. 불을 지필 때 역시 나무 넣는 일을 잠시라도 멈추면 가마 안에 공기가 차올라 숯이 못 되고 그냥 재로 사그라진다는 것이다.

나무를 굽는 과정에도 구워지는 정도에 따라 불의 세기가 맞아야 하는데 연기의 양이나 색을 보고 불구멍을 조정해줘야 한다. 어느 정도 막바지에 이를 무렵 연기가 푸른빛으로 피어오르면 일순 가마의 온도를 올려야 한다. 마지막 남은 껍질과 숯의 내부에 있는 불순물을 제거하는 동시에 숯의 생명이라 할 수 있는 기공을 늘리기 위해서다.

이렇듯 숯은 1000℃에 달하는 화기의 강약에 따라 불구덩이를 견디고 서서히 식어가는 기다림을 거쳐야 버젓한 작품으로 완성된다. 구성 요소들이 서로 마음을 내어주고 받아들이며 합일을 이룰 때 가장 좋은 숯이 탄생되는 것이다.

참숯의 효능, 그 귀함은 결코 거저 얻은 것이 아님을 헤아려본다. 수많은 기공 속에 숨겨진 원적외선과 음이온이 문명의 이기로 휘젓는 전자파뿐만 아니라 사람의 심성에 쌓여가는 부패와 불의, 욕심까지 정화시켰으면 싶다.

숯으로 피운 모닥불은 되지 못한 연기를 내뿜지 않는다. 겉과 속이 다른 마음으로 딴청 피우는 사람의 세계보다 속속들이 한결같은 까만 숯이야말로 얼마나 순수한 아름다움인가.

백비의 침묵

범상치 않은 모습으로 우뚝 서 있다. 무언가 말을 전하라는 임무가 부여됐을 터인데 입을 굳게 다문 채 말이 없다. 긴 침묵이 흐른다. 수백 년, 아니, 그 훨씬 전부터였는지도 모른다. 그저 잠잠히 서 있는 돌비석 하나. 누가, 왜 그렇게 서 있도록 했을까? 의문에 싸인 채, 눈길을 사로잡고 있는 '진천 연곡리 석비'이다. 보물 404호로 지정되어 있다.

그를 만들 당시 온몸에 들인 공이 예사롭지 않음이 한눈에 와 닿는다. 비석의 받침돌은 천년을 산다는 거북 모양이다. 등거죽이 일부 벗겨지고 깨져도 거북등 문양은 생생하다. 얼굴은 마모되어 말의 형상을 닮았다. 앞 발톱은 떨어져 나갔어도 머릿돌에는 용이 꿈틀거린다. 아홉 마리의 용이 여의주를 물고 하늘로 오르려는 모습이다.

용틀임, 저 무언의 암시에 눈 맞춤을 한다.

반듯한 몸체에 올록볼록 쏟아내고 싶은 말이 무엇인데 차마 못하고 입을 다무는가. 매끈하다. 입을 뗀 흔적이 없다. 그래서 이곳의 돌비석은 백비란 이름으로 홀로 말을 꾹꾹 삼키며 무자비無字碑로 서 있다.

국내에 몇 안 되는 무자비 중 대표적인 것이 연곡리 석비다. 또 하나는 전남 장성의 박수량 묘 앞에 있는 비석이다. 박수량 백비는 평생을 청빈으로 산 박수량에게 조선의 명종이 하사한 비다. "그 청백함에 오히려 누를 끼칠까 염려되니 비문 없는 비를 세우라."는 어명에 의해 아무런 글자를 새기지 않고, 청백리의 표상으로 삼고 있다.

연곡리 백비는 언제부터 거기 서 있었는지, 또 주인이 누구인지조차 모르는 돌비석이다. 비의 형태로 보아 고려 초기의 것으로 본다. 그것도 후대인들이 그저 짐작할 뿐이다. 전해 듣기로는 땅에 묻혀 있던 것이 일하던 농부의 눈에 띄어 세상에 그 모습을 드러내게 된 것이라 한다. 흙속에 묻혔던 돌비석이 몸을 일으켜 보물로 재평가되면서도 한동안 맨몸으로 논 가운데 서 있었다.

내 어렸을 적, 엄마 따라 외갓집 가는 길에 마주쳤던 비선골(비립동)이라는 마을에서의 일이다. 비가 서 있는 동네란 뜻을 지닌 비립동碑立洞은 연곡리에 있는 조그마한 동네다. 그곳에 여승들의 도량인 보탑사가 들어서면서 주변이 달라지기 시작했다. 비碑가 있던 논바닥은 메워지고 다시 정비가 되었다. 그리고 보물답게 어엿한 비각의 보호를 받으며 자리를 잡았다.

잘 차려입고 강단에 선 연사가 무언의 암시를 전하고 있는 형상이다. 보물의 의미를 짚어내기 위해 백비를 찾아 기웃거리는 사람들의 발길이 잦아졌다.

3개월간 안거에 들었던 스님도 해제가 되면 일성을 하거늘, 오랜 세월 절집 마당 한편에 선 백비, 그는 여전히 입을 굳게 다물고 침묵을 지킨다. 삼삼오오 그를 찾은 사람들만이 저마다의 생각을 한마디씩 풀어놓는다. 말들이 고였다 흩어진다.

신문, 방송에서는 오늘도 무성한 말들이 세상을 어지럽히고 있다. 여야가 침을 튀기며 말싸움이 한창이다. 정치 전문 패널들은 가장 객관적인 얼굴을 하고도 양편으로 나뉘어 의견이 분분하다. 또 한바탕 말잔치가 난무한다. 진실하지 않은 말, 말을 위한 말, 말이 홍수가 되어 쏟아진다. 이리저리 물줄기의 쏠림을 피하며, 약삭빠른 사람은 제각각 둔덕을 찾아 제 아성 쌓기에 바쁘다. 그들에게만 허물이 있는 양, 손가락질하는 나는 또 얼마나 그로부터 자유로울 수 있는가.

묵묵히 물길을 가래질하며 쟁기 끝으로 건져 올린 돌비석의 비밀이 침묵으로 섰다. 이 시대의 보물이다. 진정한 보물을 흙 속에서 일으켜 세운 건 선량한 농부가 아니었던가. 긴긴 세월 정을 통해 온 바람에게도 하지 못하는 그 말을 듣겠다고 오늘도 난 그를 찾아 나섰다.

"쉿!"

여전히 침묵이다. 백비 속에 숨어 있는 비밀은 진정 무엇을 말하고 싶었던 걸까? 풀리지 않는 수수께끼를 붙잡고 부질없이 비각에 매달려 본다.

'침묵이 때론 보물이다.'

무언의 소리를 듣는다. 무심히 서 있는 백비를 뒤로하고 돌아 나오는 등 뒤로 따사로운 햇살이 빗겨든다. 움쭉움쭉 잎눈 트는 봄의 소리가 발치를 따른다.

겨울나무

실오라기 하나 걸치지 않고 당당히 모진 겨울을 받아내고 있는 나목에 눈이 간다. 구불구불 굴곡진 삶의 연륜도, 뒤둥그러진 옹이도, 실하지 못한 삶의 조각이 실핏줄처럼 잔가지로 매달려 있는 것조차 적나라하게 드러내 놓고도 저리 당당할 수 있는 연유는 무엇에서 비롯된 것일까.

주저리주저리 매달고 있던 욕심도 내려놓고, 저를 돋보이게 하려는 가식도 모두 떨어버린 채 본연의 모습에 충실한 나목이 숙연하다. 한 해의 끝자락에 서면 가끔씩 겨울나무를 흉내 내 보고 싶을 때가 있다. 낙엽귀근落葉歸根이란 말이 있듯이 만물이 생명을 다하면 그 근본으로 돌아가는 순명을 나무에게서 본다.

눈에 보이지도 않는 바람이 가끔씩 뒤통수를 호되게 치고 들어와도 크게 저항하지 않고, 성긴 가지 사이사이로 바람길을 열어주는 아량이 도의 경지가 아닌가 싶다.

이번 겨울엔 눈이 자주 내린다. 평소 잘난 척 쌩쌩 대며 거리를 활보하던 자동차들이 설설 긴다. 자동차는 한통속으로 지내오던 사람들이 제설제를 뿌려 길을 터 주어야만 바퀴를 굴릴 수 있다. 온통 흙물을 덮어쓴 몰골로 질척질척 불만을 튀겨대면서도 달리기를 멈추려 하지 않는 모습은, 제 앞에 걸림이 되거나 불편한 현상을 인정하지 않으려는 현대인의 속성과 그대로 닮았다.

내려 덮은 눈송이들을 담뿍 받아 안고 제 몸과 동화하여 또 다른 작품을 빚어내고 있는 겨울나무들! 가지 위에 송이송이 매달려 있는 눈꽃이 햇살에 반짝이는 모습이 장관을 이룬다. 당장 발치에 놓인 삶의 자락으로부터 잠시 벗어나 시선을 멀리 던져보면, 이처럼 아름다운 눈꽃 동산과 상고대를 만날 수 있다.

서리가 내리면 서리꽃을, 함박눈이 내리면 함박눈꽃을 피우며 현실을 있는 그대로 받아들여 더 한층 승화된 모습의 겨울나무는 그래서 빈 몸으로 서 있어도 저리 의연한 것이리라.

하나의 물성이 누군가에게는 오물이 되기도 하고 또 누군가에게는 축복이 되기도 하는 것처럼 받아들이는 시각에 따라 크게 다른 양상을 띠듯이, 바라보는 시각이 인생에 얼마나 큰 영향을 미치는지 알게 된다.

뉴욕타임스 베스트셀러 1위를 차지한 조엘 오스틴은 그의 저서 ≪긍정의 힘≫에서 인생의 성공과 실패는 우리 마음에서 비롯하며, 마음을 이끄는 생각이 우리가 싸워야 할 가장 무서운 적이라고 했다. 인생은 생각을 따라가기 때문이다. 생각은 마음이 말로 표현된 것이고, 마음에 품지 않은 복은 절대 현실로 나타나지 않는다는 것이다. 따라서 자신의 가치를 믿고 자신을 행복한 승자로 여기는 사람이 인생의 어려움도 이겨낼 수 있다.

마음의 실타래를 풀지 않으면 행복은 찾을 수 없다 했으니 마음가짐이 얼마나 중요한지 새겨볼 일이다. 그러나 마음을 부리며 실천해 가는 것 역시 쉬운 일은 아니기에 내가 싸워 이겨야 할 대상이 바로 자기의 마음이라 한 것이리라.

새해가 밝았다. 2014 갑오년은 청마의 해다. 청마는 행운의 상징으로 유니콘을 뜻한다. 말이 푸른 초원을 달리듯 가슴과 얼굴에 열정을 가득 품고 긍정적인 시선으로 내 마음을 부리고 싶다.

어떤 인연

일찍이 M. 뮐러는 말했다. "인간이 이 세상에서 사는 것은 별이 하늘에 있는 것과 같은 것이요, 별들은 저마다 신에 의하여 규정된 궤도에서 서로 만나고 또 헤어져야만 하는 존재다." 라고.

우연인지 필연인지 어떤 인연이 내게 닿았다. 그것도 사슴 같은 눈망울을 한 이국의 앳된 여인이다. 아주 특별한 인연이다.

"아, 엄마네~ 예뻐요."

처음 만나던 날 내 나이를 듣고 눈이 동그래진 여인의 입에서 대뜸 나온 말이다. 베트남의 자기 엄마랑 같은 나이인데 더 젊어 보인다는 표현인 게다. 아들만 둘 키워낸 내게도 지천명에 이르러 드디어 딸이 생기나 보다. 그것도 한둘이 아니라 여러 명이고 보니 늘그막에 딸부자 소리를 듣게 될 성싶다.

그동안 우리는 단일민족으로서의 자긍심을 느끼며 살아왔지만, 요즈음은 거리를 나서면 하루라도 외국인을 만나지 않는 날이 없을 정도로 지구촌 한 마을 시대를 실감하고 있다. 이제는 과감히 단일민족이라는 견고한 씨족의 틀을 깨고 우리 품을 찾아드는 이방인을 가슴 넉넉히 품어 안을 때가 온 것이다.

점점 늘어가고 있는 외국인 근로자들에게 매주 일요일 한국어 자원봉사를 하던 중 결혼 이민여성들에게 일주일에 두어 번씩 가정으로 찾아가 한국어 공부를 도와주는 활동에 참여하면서 이국 여인과의 인연因緣에 재미를 붙이고 있다.

저들은 우리와 어떠한 연이 닿았기에 이제 겨우 스무 살 남짓한 어린 나이, 저 가녀린 어깨 위에 두려움을 잔뜩 얹고 멀리 타국까지 건너와 어려움을 겪어 나가고 있는 것일까. 다른 나라 남자와 결혼하게 되었을 때 마음이 어떠했는지 물었다.

"무서웠어요. 좋은 사람일까? 나쁜 사람일까? 생각 많이 했어요."

더듬더듬 대답하는 어눌한 말투가 안쓰럽다. 왜 아니 그러했을까. 그럼에도 그 길을 선택한 이들에게 우선해 줄 수 있는 것이라곤 그저 가만히 안아주고 등 토닥여 주는 일밖에…….

각자 사연이야 조금씩 다르겠지만 내가 만난 대부분의 다문화가정 여성들은 친정에 경제적인 도움이 되기 위해서 무섭고 떨리는 마음을 안고 머나먼 길을 나선 경우이다.

흔히 옷깃만 스쳐도 500겁 인연이라 했던가. 부부의 인연을 7천 겁, 부모 자식간은 8천 겁 인연이라 하는 반면, 스승과 제자 사이를 1만 겁의 인연이라 한다. 나는 그녀와 1만 겁의 인연으로 마주하고 있다.

낯선 나라 다른 풍습 앞에서 어찌할 바를 몰라 어리둥절한 채 무표정한 눈망울을 떼구르르 굴리고 있는 모습이 때로는 시댁 가족에게 오해를 불러오기도 한다. 또 때로는 의사소통이 제대로 안 되는 상태에서 문화적인 차이 때문에 불화를 초래하기도 한다. 같은 나라, 같은 문화, 한 피를 나눈 가족끼리도 분란의 대부분이 대화 부족에서 비롯된다. 언어 소통이 얼마나 중요한지 필요성을 절감하면서도 정작 그들이 마음 놓고 한국어, 한국문화를 이해할 수 있는 교육의 기회는 용이하지 않은 실정이다. 우선 면 단위 시골의 여건상 공부하러 다니기가 녹록지 않을 뿐만 아니라 아직도 외국인 아내에 대한 믿음 없이 외부와 단절시키려는 폐쇄적인 가정이 많기 때문이다.

그리하여 강구된 방책이 다문화가정 한국어 방문서비스이다. 1대 1 방문교육을 통해 그들에게 한국어 도움뿐만 아니라 시댁 식구에게는 말하지 못하는 하소연의 창구가 되기도 한다. 함께하는 동안 그들이 점점 마음을 열어 가고 있음을 보며 뿌듯함을 느낀다.

한 과정을 마치는 동안 길지 않은 시간이었지만 그간의 인연을 소중히 여기며, 남편과 함께 골랐다는 티셔츠를 예쁜 옷음에 담아 내미는 친구도 있다. 또 며칠간 고향을 다녀오면서 자기네 나라에서 사온 선물과 함께 해산을 앞둔 만삭의 몸으로 이마에 송글송글 땀방울을 매단 채 베트남 요리를 해주는 친구도 있다. 그들의 해맑은 눈망울을 보면서 이렇게 한국에 마음을 주고 적응이 되어가는구나 싶다. 이들은 이제 더이상 이방인의 눈빛이 아님을 느낀다.

어떠한 인연이 내게 닿았기에 이렇게 만나게 되었는지 알 수 없지만 어린 나이에 부모를 떠나 타국에 자신을 맡긴 이들과 닿는 인연마다 딸처럼 보듬으며 나이 들어가고 싶다는 생각을 해 본다.

남편은 정년퇴직 후 아버지가 물려준 산자락에 예쁘장한 집 한 채 지어놓고 농사짓는 일에 푹 빠져 지낼 것임이 분명하다. 텃밭 가꾸는 일조차 제대로 할 줄 모르는 나로서는 일주일의 반은 외국인 딸들을 찾아다니며 한국어 공부를 도와주는 것으로 남은 노후를 보냈으면 싶다.

십수 년 그러다 보면 칠순에는 이 나라 저 나라 외국인 딸들에게 치여 나의 두 아들은 제대로 엄마 차지도 못하는 건 아닌가. 상상하니 실실한 웃음이 자꾸 새어 나온다.

움켜쥔 인연보다 나누는 인연으로, 기다리기보다 찾아가는 인연으로, 사는 맛을 느끼게 해준 이들에게 환한 웃음을 주고 싶다. 하회탈 미소로 늘 웃는 할머니로 늙어가고 싶다.

미워할 수 없는 것이라면

잘 여물어 튼실한 알곡은 바라보는 것만으로도 흐뭇하다. 꽉꽉 옹골차게 들어찬 한 톨 한 톨의 낟알들은 한 해 동안의 온갖 시름을 달래주고 또다시 가장 실한 종자를 가려낼 힘을 준다.

농사짓는 사람들이 씨앗 중 가장 좋은 종자를 골라서 갈무리하는 것은 좀더 나은 내일을 위한 희망을 갈무리하는 그들만의 기쁨일 게다. 대지가 겨우내 봄을 준비하는 것보다 더 먼저 봄을 준비하는 것은 농부의 손길이다. 농부들은 추수를 하면서부터 좋은 씨앗을 가려 내년 봄을 준비하기 때문이다.

잘 여문 곡식! 그것을 위해 온 정성을 다하고 그것이 바로 수확의 최종 목표일 것이다. 그러나 덜 여물어 또 다른 몫을 하는 것들도 있다. 남들은 다 여물어야 좋다고 할 것이나 나에게는 여물어서 특히 더 밉상인 게 있다. 콩이 그렇다. 콩 중에서도 특히 '서리태'라 불리기도 하는 검은콩이다.

콩 수확은 원래 다 여물면 뿌리째 뽑아 마당에서 바사삭 소리가 날 만큼 말렸다가 많으면 도리깨로 털든가, 그리 많지 않으면 쪼그리고 앉아 부지깽이로 두들겨 턴다. 그런 다음 콩대를 걷어내고 껍질을 다 걸러낸 후 낟알들을 거두어들이는 것이다. 도리깨로든, 방망이로든 두들겨 털 때마다 콩들은 사춘기 애들처럼 탁탁 튀며 대들기도 하고 제가 살 수 있는 곳인지, 나락으로 떨어지는 하수구 구멍인지도 구별 못하고 천방지축 그저 튀쳐나가려고만 안간힘을 쓴다. 오죽하면 '콩 튀듯 한다.'는 말이 나왔을까.

벼는 익을수록 고개를 숙인다는데 콩은 익을수록 더 튄다. 잘나서 단단한 줄 아는 게다. 콩대며 콩깍지까지 날을 세워 찌르고 고약을 떠는 바람에 장갑 없이는 도무지 일을 할 수 없을 정도다. 다른 곡식들은 무겁게 짊어졌던 욕심들을 하나하나 내려놓으며 자기반성의 시간을 준비하고 있는데 이를 아는지 모르는지 콩은 유독 더 까탈을 부리듯 옴치고 뛴다.

타작을 해 놓아도 새카맣고 똥글똥글한 게 마치 어른한테 야단맞고도 두 눈 똑바로 뜨고 씩씩거리며 올려다보는 어린애의 눈알 같다. 서리태를 좋아하는 사람들은 잘 익은 산머루알 같아 보이겠지만 나에게는 영락없는 반항아의 눈동자 그것이다.

어렸을 때 나는 밥 속에서 살강거리며 씹히는 느낌 때문에 콩밥을 아주 싫어했는데 콩을 넣으면 밥이 달다는 남편과 살다 보니 요즈음은 할 수 없이 밥을 할 때 함께 넣는다. 쌀에 그냥 바로 섞어하면 제대로 무르지도 않아 꼭 미리 물에 불려서 해야 한다.

'그놈의 콩, 더러 못 이기는 체 엄벙덤벙 푹 무르면 좀 좋을까?'

처음부터 번거롭게 유난을 떨며 옆에 있는 쌀알까지도 온통 시커멓게 물을 들여놓기도 한다. 콩자반은 또 어떻고? 그리 딱딱하게 굴더니 맹물만 넣고 끓이면 몸뚱이를 크게 팅팅 부풀렸다가 진간장과 달달한 물엿으로 간을 하여 한 번 더 팔팔 끓이면 불었던 몸이 맥없이 쪼글쪼글 쪼그라들어 물컹거리는 비굴함을 그대로 드러낸다. '도도한 척하려면 끝까지 팔짱 끼고 딱딱하게 굴든지.' 상황에 따라 타협하는 것은 그들의 세계에서도 적용이 되는가 보다.

내가 검은콩을 먹었던 경우는 콩을 센 불에 달달 볶아서 단단한 것이 더욱 단단해져 끝내 터질 듯 고소한 맛을 토해낼 때, 참기금과 맛소금으로 간을 해서 아드득아드득 씹어 먹는 것뿐이었다.

세상사 싫어한다고, 미워한다고 모조리 내칠 수만은 없지 않는가. 콩은 육류에서 단백질을 섭취하기 힘들었던 지난 세대 우리 서민들에게 훌륭한 단백질의 공급원으로서 된장, 간장, 두부는 물론 콩죽, 콩국수 등 다양한 요리법을 통하여 이미 친숙해져 왔다. 원산지부터가 우리나라와 만주로 되어 있으니 우리와는 연분이 깊은 사이다.

콩 중에서도 서리를 맞아가며 여문다는 서리태를 우리 텃밭에서 작년에 이어 두 번째 수확을 했다. 첫해는 다 여물어 까만 콩을 거두었고, 올해는 풋콩인 채로 거둬들였다. 우연히 풋콩을 몇 꼬투리 따 봤더니 검은콩이라고 해서 애시당초 까맣고 동그랬던 것은 아니었다. 파랗던 콩꼬투리가 노르스름한 빛을 비치면서 통통해질 때쯤 껍질을 까보면 꼭 강낭콩 크기만 한 둥글넓적한 것이 자색을 띠고 담담히 들어앉아 있는 것을 볼 수가 있다. 그 때에는 맨손으로 꼬투리를 따도 그저 별 대항 없이 순순히 딸려온다. 따로 시간 내서 불릴 필요도 없이 바로 쌀에 섞어 밥을 지어도 잘 무른다.

사람도 너무 여물어 빈틈없는 것보다 더러 무른 듯 정이 스며들 여지가 있어 보이는 사람에게 더 끌리지 않던가? 그래서 콩도 꼬투리가 갈색으로 빳빳하게 여물기 전에 청대콩인 채로 수확을 해 냉장고에 넣고 밥할 때마다 한 줌씩 꺼내 섞는다. 예전에는 추석을 전후해 청대콩을 그대로 쌀에 섞어 지은 청대콩밥을 추석 절식으로 먹었다는데 우리 집은 겨우내 추석 절식을 먹을 수 있게 되었다. 검은 콩밥을 싫어하던 나도, 이 정도는 먹어줄 만하다.

미워도 미워할 수 없는 것이라면 손을 마주 잡고 사랑하는 방법을 찾아가는 것이 인생을 훨씬 환하고 건강하게 살 수 있지 않을까? 요즈음은 시커멓고 데굴데굴한 이 녀석들이 과히 밉지 않은 걸 보니 이미 정이 든 것만 같아 즐겁게 저녁밥을 안친다.

소리의 집

'도란도란 이야기 문학카페' 수필 교실도 마무리 작업에 들어갔다. 각자 마음에 있는 소리를 모아 집을 지어주기 위한 일이다. 쌀에 뉘 고르듯 하나하나 들여다보고 있자니 글자들의 조합이 참으로 복잡 미묘하다. 완성된 글을 만들어 내기까지 조화로운 글자들의 관계 맺음이 오묘하다는 생각이 든다.

혼자서는 서지도 앉지도 못하고 겅중거리는 자음은 어미인 모음의 힘을 빌려야만 비로소 글자 구실을 한다. 글자 하나하나에서 부모 자식의 관계를 보는 것이 재미있다.

이목구비가 갖춰진 온전한 글자라 하더라도 누구와 어떻게 만나느냐에 따라 올바르고 예쁜 단어가 되는가 하면, 말이 안 되는 경우도 허다하다. 한 문장 안에 제대로 들어앉기가 그리 쉬운 일이 아니다. 간혹 가다 좋은 문장이다 싶은 곳이 있으면 제 깜냥은 생각지도 않고, 되잖은 녀석이 척 자리를 차지하고 있을 때도 있다. 세밀한 교정에 이르면 여지없이 뒷덜미가 잡혀 나오게 될 줄 뻔히 알면서도 우선 좋은 자리는 앉고 보자는 심사다. 이는 글자의 세계에서만이 아니다. 사람살이에서도 마찬가지다. 어떤 자리든지 있어야 할 사람이 있을 듯이 있어야 세상이 올바르게 돌아가는 것이 아닌가.

문단文段에서는 움직임이 더 크다. 그저 한두 자, 한두 단어 빼고 보태서 될 일이 아니다. 뭉텅이 뭉텅이 살림을 내기도 하고, 끌어들이며 단락을 분명히 해야 집안이 선명하고 질서가 잡힌다. 제집만 평화롭다고 세상이 다 화평하다 볼 수는 없다. 이웃 문단과의 자연스런 유대관계가 중요하다. 더불어 손잡고 가야 전체적으로 조화와 통일감을 느낄 수 있다.

한 편의 글이 완성되기까지는 한 글자 한 글자도 중요하지만 쉬고, 띄고, 숨 고르기를 해가며 전체적인 흐름이 자연스러운가를 우선 봐야 할 것이다. 매끄럽게 잘 읽혀도 그 글의 얼굴은 제목이다. 글과 제목의 어울림도 둘째가라면 서운할 일이다.

외형이 잘 갖춰지고 손색없이 글이 다듬어졌다 해도 내포된 내용에 진정성이 없거나, 말하고자 하는 주제가 잘 드러나 있지 않으면 생명력 있는 글이라 할 수 없다. 살펴봐야 할 것이 한둘이 아니다. 눈과 손이, 뇌가 바쁘다. 책 한 권, 아니 글 한 편 내기가 호락호락하지 않다. 오죽하면 글을 낳는다고 하며 산고에 비유했을까.

지난달, 산 녘에 단풍이 막 물들기 시작할 무렵 문학카페 글벗들과 강원도 '김유정 문학촌'과 인근에 있는 '책과 인쇄 박물관'을 다녀왔다. 오래전부터 가보고 싶었던 곳은 김유정 문학촌이었는데 책과 인쇄박물관에서 더 깊은 감명을 받았다. 문학관과 걸어서 10여 분 정도의 거리다.

도착해 보니 건물부터 특별했다. 책장에 책이 꽂혀 있는 모습을 형상화한 것으로 문학과 건축의 만남이 한 편의 예술이다. "그리움이 쌓여 시時가 된 박물관"이라는 부제가 마음에 든다. 시詩가 아닌 시時의 표기가 의미심장하게 와 닿는다.

> "우리가 보는 책들 한 권 한 권은/ 모두 영혼을 지니고 있습니다.// 그것을 쓴 사람의 영혼과/ 그것을 만든 인쇄공의 영혼과/ 그것을 읽고 꿈꿔 왔던 사람들의 영혼이…."

이곳 박물관장의 간절한 마음이 고스란히 담긴 글귀가 우릴 맞는다.

1층에는 한때 그가 운영했던 광인사 인쇄공소 재현과 인쇄 활판기의 전시실이다. 우리나라 인쇄문화의 발전상이 한눈에 보인다. 세계에서 가장 오래된 목판인쇄물인 무구정광대다라니경과 세계 최초 금속활자인 직지심체요절이 반갑게 눈인사를 건넨다. 특히 박물관장이 직접 유럽의 인쇄박물관에서 체험하고 인쇄해 온 구텐베르크의 42행 성서 인쇄물을 볼 수도 있다.

2층은 '훈민정음' 등 각종 고서의 장이 펼쳐져 있다. 3층은 김소월의 ≪진달래꽃≫ 과 한용운의 ≪님의 침묵≫ 초간본 등 흔치 않은 근현대 책들이 고고하게 앉아 있다. 오랜 시간 발품 팔아온 관장의 정성이 엿보인다.

활자들이 모여서 문장이 되고, 이야기가 되고, 이야기는 우리들 삶의 역사가 될 것임을 알기에 책과 인쇄가 더 가치롭게 느껴진다.

누군가 그랬다.

"햇빛에 바래면 역사가 되고 달빛에 바래면 신화가 된다."고

오늘 눈 빠지게 글자들 사이를 유영하며 한 권의 책을 만들어 가고 있는 우리들의 이야기도 훗날 역사가 되고 신화가 되리라.

마지막 졸업식

겨울 꽃잠에서 막 깨어나 눈을 뜨려는 2월이다. 이즈음은 온통 졸업 소식으로 왁자글한데 나는 자꾸 기분이 가라앉고 있다. 아마도 아주 특별한 졸업식을 앞에 두고 있기 때문인가 보다. '백곡중학교'란 이름을 달고 마지막으로 치러지는 졸업 의식이다. 제1회 졸업증서를 나에게 주었던 나의 모교가 서른 아홉 해를 끝으로 문패를 내리게 된 것이다.

각 학교에서는 졸업의 숭고한 의미보다는 파행으로 치닫고 있는 그릇된 졸업식 뒤풀이 풍조를 막기 위해 대책을 마련하느라 비상이다. 어찌된 일인지 몇 해 전부터 이상한 졸업식 퍼포먼스가 맑은 물에 녹조 번지듯 얼룩을 들여온 터였으니 왜 아니 그러하겠는가.

졸업卒業이란 사전적 의미로는 어떤 일이나 학문 따위에 통달함을 비유적으로 이르는 말, 또는 등록한 학교나 학원의 학업 과정을 마침을 뜻한다. 그러나 한자어가 의미하는 '卒'은 대개 보잘것 없고 만만한 존재를 속되게 이르거나 사람의 이력履歷 따위에서 죽음을 이르는 말이다. 어떤 연유로 성실하게 한 과정을 마치는 의식에 대해 卒이라는 한자어를 사용하게 되었는지는 잘 모르지만, 글자로만 보면 그다지 성스럽거나 희망적인 이미지를 담고 있지는 못한 것이 사실이다.

물정 모르는 요즈음 아이들은 학교 과정을 구속으로만 느끼고 있을 수도 있다. 그들은 형체도 없이 다가와 억누르는 각종 압박과 구속으로부터 벗어나기 위한 의식의 표출로 이상한 졸업 뒤풀이를 생각해 냈을 것이다. 그간 자신도 모르게 제 몸을 보호해 주었던 교복의 상징성을 뒤로한 채 찢고, 벗고, 계란으로 치고, 밀가루를 하얗게 덮는 등의 몸짓을 통해 그들이 처한 갈등을 졸하고 싶었는지도 모르겠다.

배곯던 시절 졸업은 눈물과 설렘이 어우러진 성스러운 의식이었다. 이 의식을 거쳐 상급학교로의 진학은 꿈이었다. 어깨 위에서 빛나던 하얀 교복 칼라는 쌀밥보다 더 큰 힘을 주었다. 휘휘 돌던 교복은 어느덧 3년이라는 세월과 함께 빛이 바래고 손목 발목이 덜렁 드러날 만큼 깡동해진 것조차 대견했던 그 시절 졸업은 말만으로도 가슴이 짜르르 했다. 그 날 부모님들은 없는 돈을 겨우 마련하여 꽃목걸이를 걸어주며 등 다독여주고, 자장면을 먹여 주셨다. 철없는 아이 또한 가슴 한켠 울컥하는 마음은 미처 헤아리지 못한 감사의 본능이었으리라. 그랬다. 졸업식 날의 풍경은 애틋함이 교감되는 그런 거였다.

1970년대 내 학창 시절의 졸업을 떠올려본다. 아직 다하지 못한 아쉬움과 정들었던 이들과의 헤어짐, 그리고 왠지 모를 작은 두려움이 버무려져 알큰한 느낌으로 다가온다. 기억 저편으로부터 찡한 그리움이 어룽대며 내 마음을 잡아 흔든다. 나의 모교가 영원히 문을 닫는 운명을 맞고 있음이다.

마지막 졸업 의식을 끝으로 역사의 한 페이지에 기록으로만 남을 이 학교는 내게 특별했다. 1968년 중학교 무시험제가 서울을 시작으로 대도시를 거쳐 시골 면 단위까지 전격 시행되던 1971년에 세워졌고 나는 무시험 첫 수혜자이며 첫 번째 입학생이 된 까닭이다. 걸어서 10분 정도의 거리에 위치한 학교 덕분에 그나마 중학교를 편하게 다니게 되어 지금의 나를 있게 한 단초가 되었던 것이다.

한 반에 육십네댓 명씩 두 학급, 모두 130명으로 문을 연 학교가 서른아홉 해를 거치는 동안 학생들이 차츰차츰 줄어들어 지금은 전교생이 고작 18명이다. 올해 10명의 졸업생을 끝으로 남은 학생은 2학년 2명, 1학년이 6명이다. 내년부터 이들은 읍내에 있는 남녀 중학교로 각각 편입이 된다.

아이들 웃음 잦아든 학교, 더이상 찾아올 아이가 없어 문을 닫아야 하는 운명, 아기 울음소리 사라진 시골 마을에는 이국에서 온 앳된 새댁들이 겨우 적막을 깨우고 있다. 이 기막힌 현실에 마음이 시리다.

1980년대 아이를 안고 예방주사 맞히러 보건소에 들르면 여직원은 으레 둘만 낳아 잘 기르라며 손 붙들고 불임수술을 권했다. 그러던 그때 그 여직원이 지금은 또 다른 새댁을 붙잡고 출산장려금 줄 터이니 아기 낳아 애국하라며 매달리고 있는 실정이다. 아득한 멀미가 인다.

"넷째 아이 출산 시 5백만 원! 다섯째 아이를 출산하면 1천만 원!"

우리 군에서 현상금처럼 내건 출산장려금 지급액이 허허롭게 펄렁댄다.

마지막 졸업생을 떠나보낸 폐교의 운동장을 휘돌던 2월 매운 바람살이 갈 곳 몰라 가슴으로 파고든다.

■ 작가 연보

- ■ 1959년 충북 진천 출생
- ■ 1979년~1987년 서울지방경찰청 정보과 근무
- ■ 2003년 『월간문학』 신인상 당선 한국문인협회, 대표에세이 문학회, 진천문인협회 입회
- ■ 2007년 진천군 자원봉사센터장
- ■ 2007년 충북수필문학회 입회
- ■ 2010년 진천군의회 의원
- ■ 2010~ 2018년 생거진천 소식지 편집위원 〈그때 그시절〉 영상시 집필
- ■ 2011년 수필집 ≪순간이 둥지를 틀다≫(선우미디어) 출간
- ■ 2012년~ 현재 중부매일 〈에세이뜨락〉 집필
  충청일보 오피니언 〈충청시평〉 집필
- ■ 2013년 청주대학교 행정대학원 졸업 (사회복지학 석사)
- ■ 2013년 제9회 대표에세이문학상 수상
- ■ 2014년 충북문인협회 편집부장
- ■ 2015년~ 현재 충북문화재단 지역특성화 사업 수필 강의
- ■ 2015년~ 2016년 충북문화재단 꿈다락 토요문화학교 기획
- ■ 2015년 충북수필문학 편집주간
- ■ 2015년 수필집 ≪소리의 집≫(선우미디어) 출간 –충북 문화재단 기금 수혜

- 2015년 제28회 충북예술인 공로상 수상
- 2016년 대표에세이문학회 전국회장.
- 2017년 진천문인협회 부회장
- 2017년 한국수필가협회 입회
- 2018년 진천군립도서관 수필 강의.
- 2018년~ 현재 이상설 역사문화학교 강사
- 2018년 계간 《에세이포레》 〈사진 속 풍경〉 기획연재(2년)
- 2018년~ 생거진천 글샘학교 한글 강의.
- 2019년~ 현재 충북교육도서관 진천문학관 인문학 강의 중
- 2019년~ 충북혁신도시도서관 수필 강의 중.
- 2019년 충북수필문학회 부회장
- 2019년 수필집 《사라져 가는 한국의 서정》(선우미디어)출간
충북문화재단 문예지원기금 수혜
- 2019년 계간 에세이포레 여름호 〈우리시대의 대표 수필 작가〉
- 2020년 제17회 한국문인협회 작가상 수상
제15회 한국불교청소년 도서저작상 수상
제27회 충북수필문학상 수상
- 2020년 수필문우회 입회
- 2020년 ~ 2021년 진천군립도서관 상주작가,
- 2021년 충북수필문학회 회장
- 2021년 증평군립도서관 수필 강의 중

현대수필가 100인선 Ⅱ · 92
김윤희 수필선

어머니의 길

초판인쇄 | 2021년 07월 16일
초판발행 | 2021년 07월 23일

지은이 | 김 윤 희
펴낸이 | 서 정 환
펴낸곳 | 수필과비평사 · 좋은수필사

주 소 | 서울시 종로구 삼일대로 32길 36.
(익선동 30-6 운현신화타워) 305호
전 화 | 02)3675-5635, 063)275-4000
등 록 | 제300-2013-133호
홈페이지 | http://www.shinapub.com
e-mail | essay321@hanmail.net

값10,000원

ISBN 979-11-5933-347-7 (04810)
ISBN 979-11-85796-15-4 (전 100권)